BIBLIOTHÈQUE DES PARENTS ET DES MAITRES
PUBLIÉE SOUS LA DIRECTION DE M. PAUL CROUZET
Honorée d'une souscription du Ministère de l'Instruction publique.

IX

W. MÜNCH
PROFESSEUR A L'UNIVERSITÉ DE BERLIN

Parents, Professeurs
ET
Écoles d'aujourd'hui

TRADUCTION ET COMMENTAIRES

PAR

M. GASTON RAPHAËL

Professeur au lycée Lakanal.

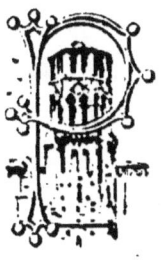

TOULOUSE
ÉDOUARD PRIVAT
ÉDITEUR
RUE DES ARTS, 14

PARIS
HENRI DIDIER
ÉDITEUR
RUE DE LA SORBONNE, 6

1912

Parents, Professeurs

et

Écoles d'aujourd'hui

BIBLIOTHÈQUE DES PARENTS ET DES MAITRES
PUBLIÉE SOUS LA DIRECTION DE M. PAUL CROUZET
Honorée d'une souscription du Ministère de l'Instruction publique.

IX

W. MÜNCH
PROFESSEUR A L'UNIVERSITÉ DE BERLIN

Parents, Professeurs
ET
Écoles d'aujourd'hui

TRADUCTION ET COMMENTAIRES

PAR

M. GASTON RAPHAËL
Professeur au lycée Lakanal.

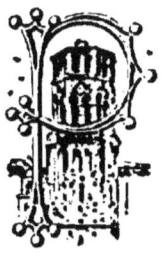

TOULOUSE
ÉDOUARD PRIVAT
ÉDITEUR
RUE DES ARTS, 14

PARIS
HENRI DIDIER
ÉDITEUR
RUE DE LA SORBONNE, 6

1912

INTRODUCTION[1]

M. Wilhelm Münch, qui a bien voulu nous autoriser à traduire l'ouvrage que nous présentons aujourd'hui aux lecteurs, est l'un des pédagogues les plus justement célèbres en Allemagne à l'heure actuelle. Il doit cette haute situation à ses fonctions et encore plus au nombre et à la valeur de ses écrits pédagogiques.

Il est né en 1843, à Sigmaringen, dans la principauté de Hohenzollern. Ses qualités intellectuelles le firent bientôt remarquer, et ses maîtres autant que ses goûts personnels le dirigèrent du côté de la carrière professorale.

---

1. Au moment où ce livre était sous presse, la nouvelle de la mort de M. Wilhelm Münch nous est parvenue. Il vivait fort retiré depuis quelques années et s'est éteint le 28 mars 1912, dans son petit appartement de Berlin.

Après de solides études dans diverses Universités allemandes et après avoir conquis dans de brillantes conditions les diplômes nécessaires, il devint professeur, puis directeur de diverses écoles d'enseignement secondaire dans la province rhénane. En 1888, à l'âge de quarante-cinq ans — exception flatteuse en Allemagne où l'on arrive rarement sitôt à de hautes fonctions — il fut nommé inspecteur de l'enseignement secondaire pour cette même province rhénane. En 1897, sa santé le contraignit à abandonner ses fonctions, ou plus exactement à les échanger contre celles de professeur de pédagogie à l'Université de Berlin. Il n'a plus quitté depuis la capitale de l'Allemagne. Ses anciens élèves sont déjà nombreux.

A diverses reprises, M. Münch fut chargé de missions officielles par le Ministère de l'instruction publique de Prusse, où son opinion est attentivement écoutée et souvent adoptée. On n'accomplirait point volontiers de réformes ou de modifications sans le consulter. Son influence sur les destinées de l'enseignement secondaire prussien et allemand est considérable. Sa réputation est si fortement établie qu'il fut l'un des maîtres appelés à l'Université de Paris en 1908 pour y faire, au Musée pédagogique, une conférence aux étudiants en lettres et en sciences.

Pendant la première partie de sa carrière, M. Münch a publié de nombreux articles pédagogiques qui, réunis, forment aujourd'hui trois volumes. Mais c'est dans la seconde partie, en pleine maturité, après de longues années d'élaboration, qu'il a publié ses ouvrages essentiels : *La fonction professorale et son esprit ; La pédagogie de l'avenir ; Jean-Paul Richter, auteur des* Levana; *Sur l'éducation des princes* [1] ; auxquels il convient d'ajouter trois petits volumes de récits contés avec émotion et évoquant pour la plupart les souvenirs de personnes rencontrées par lui sur le chemin de sa vie.

Il ne saurait être possible, dans ces quelques lignes, d'exposer toutes les idées pédagogiques de M. Münch. Nous voudrions donner juste quelques indications sommaires, celles qui seront utiles pour mieux comprendre la traduction de son ouvrage.

1. *Der Geist des Lehramts*, Berlin, 1903; *Zukunftspädagogik*, Berlin, 1904; *Jean-Paul Richter als Verfasser der* « *Levana* », 1907; *Über Fürstenerziehung*, Münich, 1909.

✱
✱ ✱

La question de la valeur et de l'avenir de l'enseignement secondaire est posée en Allemagne tout comme en France et dans d'autres pays. Les discussions que nous avons entendues, les luttes auxquelles nous avons assisté, nos voisins les ont connues. Les « humanités classiques » doivent-elles seules représenter la culture intellectuelle et morale d'une nation? Ne convient-il pas de faire place à des acquisitions modernes de l'activité humaine? Les connaissances nécessaires à l'heure actuelle sont d'une étendue immense; si l'on veut d'autre part avancer dans l'étude d'une science, il est indispensable de se spécialiser dans un domaine de plus en plus restreint. Quelle attitude prendra l'école secondaire? Jusqu'à quel point faut-il rechercher l'universalité des connaissances ou bien favoriser la spécialisation? Et au point de vue moral, dans quelle mesure faut-il tenir compte de l'individualité des enfants, la développer même, et dans quelle mesure en guider la croissance et en émonder les pousses exubérantes? Autant de questions qui ont soulevé en Allemagne des débats innombrables et d'une violence parfois excessive.

Dans la pratique, la bataille se livra d'abord autour des privilèges du gymnase, ou lycée donnant l'enseignement classique[1]. Héritier des traditions séculaires, le gymnase délivrait un

1. Nous rappelons ici les dénominations des principales écoles d'enseignement secondaire en Allemagne. On distingue : 1º le *Gymnasium* (gymnase) qui comporte l'enseignement du grec et du latin (correspond à peu près à la section A du second cycle de nos lycées); 2º le *Realgymnasium* (réalgymnase) qui n'a plus de grec, mais encore du latin, et fait plus de place aux langues modernes et aux sciences (intermédiaire entre nos sections B et C); 3º les *Realschulen* appelées *Realschule* (école réale) lorsqu'elles ne comprennent que six ou sept classes et *Oberrealschule* (école réale supérieure) lorsqu'elles en comptent neuf. Les langues anciennes n'y sont plus enseignées, mais remplacées par une étude plus complète des langues modernes et des sciences (à peu de chose près notre section D). Elles ne donnent accès qu'à certaines carrières scientifiques.

On voit que chaque établissement offre un enseignement différent et n'a pas, comme en France, des élèves de toutes les sections. Toutefois, il se forme depuis quelques années quelques établissements « doubles » comprenant un gymnase et un réalgymnase par exemple. Ajoutons que les statistiques récentes révèlent une faveur toujours plus marquée pour les réalgymnases et les écoles réales, tandis que les gymnases accusent une baisse continue.

diplôme de fin d'études, qui seul ouvrait les portes des Universités. Sans ce diplôme, il était impossible d'entreprendre des études supérieures et d'accéder, par conséquent, aux carrières libérales. Le gymnase jouissait d'un véritable monopole. Les protestations véhémentes des adversaires de l'enseignement classique, devenu tant soit peu aride et formaliste précisément à cause du monopole protecteur, finirent par être entendues. Une conférence fut réunie en décembre 1890, et en 1891 un rescrit impérial conféra au diplôme de fin d'études du gymnase réal les mêmes droits qu'à celui du gymnase. Les diverses Facultés lui furent ouvertes. Les élèves munis du diplôme des écoles réales supérieures elles-mêmes furent admis dans les Facultés des sciences.

Le mouvement de réforme et de protestation ne s'arrêta pas après ce premier grand succès. Il semble, au contraire, que celui-ci ne servit qu'à encourager et mettre en goût les novateurs. Médecins et juristes, industriels et commerçants, se groupèrent autour de quelques apôtres et poursuivirent le vieux gymnase à coups redoublés. Ils voulaient jeter bas ce vestige d'un passé qui ne pouvait plus s'harmoniser avec les temps modernes. Pour des besoins nouveaux ils réclamaient une école nouvelle ; pour l'Allemagne, une école allemande. Les articles abondèrent dans les journaux et certains agitateurs allèrent de ville en ville porter la bonne parole. Les écrits des protestataires de tous les pays furent acclamés, ceux des Français Paul Lacombe, Pierre de Coubertin, Édouard Demolins, et ceux surtout de la Suédoise Ellen Key. Leur programme était de fonder des écoles entièrement nouvelles, en plein air, où l'on songerait à former plus le caractère que l'intelligence, à éduquer qu'à instruire, où les élèves retrouveraient la vie de famille, et où la plus grande place serait faite aux exercices physiques et à tous les genres de travaux manuels. Des hommes tels que Paul Gussfeldt, Hugo Göring, Ludwig Gurlitt, Arthur Bonus se firent remarquer par leur violence. Par leurs chimères aussi. Car, lancés sur cette voie, ils ne surent plus se maîtriser, ni distinguer une revendication légitime et réalisable d'une fantaisie utopique. Les nouveaux succès obtenus à la conférence de 1900, qui réforma tout l'enseignement — même celui du vénérable gymnase ! — dans un esprit tout moderne, ne les satisfirent point. Aujourd'hui même, la campagne continue¹.

*
* *

Quelle fut, à l'égard de ces tendances nouvelles, l'attitude de M. Münch ? Elle fut celle d'un homme à qui la réflexion et la pratique ont permis d'entrevoir la complexité infinie des problèmes scolaires, et qu'une intelligence claire et mesurée rendait capable de reconnaître les imperfections et les qualités des systèmes anciens tout aussi bien que les défauts et les avantages des propositions nouvelles. Il ne s'en tint pas, comme certains défenseurs des humanités classiques, à une hostilité irréductible contre toutes les innovations. Mais il refusa

1. On trouvera le résumé de ces critiques au début de chaque chapitre de l'ouvrage de M. Münch, notamment au chapitre v. On trouvera également un exposé détaillé de ces revendications dans l'ouvrage de G. Raphaël : *Der Professor ist die deutsche Nationalkrankheit*, Cahiers de la Quinzaine, Paris, 1908, rue de la Sorbonne, 8.

aussi de faire le saut dans l'inconnu à la suite de ceux qui s'imaginent qu'il suffit de retourner l'enseignement actuel sens dessus dessous pour créer l'école de l'avenir. En sage, il s'efforça de trouver le juste milieu entre les extrêmes.

Il montra que la volonté de bien faire et l'enthousiasme ne suffisaient pas pour se croire fondé à réformer l'enseignement. Certains changements réclamés par les novateurs prouvent parfois une ignorance surprenante des choses de l'école. Les reproches qu'on lui adresse sont empreints souvent d'une exagération ridicule et témoignent d'une injustice flagrante. Les revendications que l'on élève sont beaucoup moins nouvelles que leurs auteurs ne se l'imaginent : on en trouverait aisément de semblables dans les pamphlets ou certaines tentatives — malheureuses d'ailleurs — du dix-huitième siècle. Les diverses revendications, lorsqu'on les envisage toutes ensemble, se contredisent les unes les autres, et l'on serait bien en peine s'il fallait satisfaire tout le monde. Dans tous les écrits se manifeste, en tout cas, un optimisme souverain, qui pourrait bien, si

de la théorie on passait à l'application dans la réalité, conduire aux expériences les plus fâcheuses. Gardons-nous donc de tout emportement, et méfions-nous des aspirations trop généreuses.

Cela ne veut point dire, soutient M. Münch, que tout soit parfait dans l'organisation actuelle. Bien au contraire. Et voici, pour les questions fondamentales, les améliorations essentielles que M. Münch propose dans son pays.

Le premier point est la reconnaissance des droits de l'enfant. M. Münch a noté que c'est là une revendication commune à tous les réformateurs, et il l'appuie. Il ne veut plus que l'instruction demeure une sorte de schéma abstrait selon lequel il conviendrait de façonner les enfants, un lit de Procuste pédagogique sur lequel on les forcerait tous à passer. Il y a, sans doute, un but, un idéal à atteindre. Mais ce but, cet idéal doivent être calculés non pas sur des abstractions, mais sur les forces des enfants. L'enseignement est fait pour eux et non pas eux pour l'enseignement.

Il faut, par conséquent, s'efforcer avant tout de les comprendre afin de se guider sur eux pour les bien diriger. Il faut tenir compte de leurs facultés et de leurs besoins, et favoriser, dans la mesure du possible, le développement de leur individualité. Et par là l'école prendra un tout autre caractère. Au rebours de ce qui arrive souvent, elle ne réservera pas uniquement son estime et ses récompenses pour les qualités intellectuelles. Elle appréciera aussi toutes les autres aptitudes d'un enfant. Elle cultivera le sentiment, le cœur et la volonté tout autant que le cerveau et l'intelligence. Elle deviendra une maison d'éducation, au sens le plus large du terme, tout autant qu'une maison d'instruction.

Les relations des élèves entre eux seront pénétrées de véritable camaraderie. L'autorité des professeurs pèsera moins lourdement et les relations entre les professeurs et les élèves se feront confiantes et amicales. Une entente cordiale s'établira entre l'école et les familles.

Le côté matériel, hygiénique, recevra de grands perfectionnements. Les exercices physiques au grand air tiendront plus de place et les écoles s'élèveront autant que possible dans la campagne, loin de l'air vicié et de l'agitation des villes. Les travaux manuels seront pratiqués, non plus comme une simple distraction, mais comme une partie importante de l'enseignement. Plus de mouvement, plus d'air et plus de gaîté, voilà ce qui caractérisera l'école future.

Enfin, en ce qui concerne l'enseignement lui-même, un déplacement d'équilibre doit avoir lieu. Ce n'est plus seulement un enseignement littéraire et livresque que l'école doit donner, mais un enseignement visuel, sensible, aussi proche que possible de la réalité et de la vie. Dégagez-vous, dit M. Münch, de mainte tradition qui vous paralyse. Renoncez à ces matières isolées en des compartiments non communicants. Vivifiez votre enseignement en le rattachant à tout ce que connaissent les enfants, et ne craignez pas de leur rappeler un point de littérature, ou de science, dans une classe d'histoire, ou inversement. N'oubliez jamais la réalité qui vous entoure et faites immédiatement suivre la théorie de l'application. Éveillez dans l'âme des enfants une vaste sympathie pour l'humanité entière. Dans les plus hautes classes, groupez et éclairez toutes les notions acquises dans le faisceau, solide et concret, d'une synthèse philosophique, reposant sur des connaissances précises. Vous aurez ainsi formé des hommes que vous aurez préparés et armés pour la vie.

∗ ∗ ∗

Ce bref résumé des idées de M. Münch suffit amplement à montrer combien il était, plus que beaucoup d'autres, qualifié pour prendre la parole dans ce débat sur l'école, qui est repris par chaque génération et qui, sans doute, ne se terminera jamais. Il nous reste à dire pourquoi nous avons précisément choisi : *Parents, professeurs et écoles d'aujourd'hui*, ouvrage qui traite un point particulier de ce programme de réformes, profondes et légitimes, que nous venons d'esquisser.

La première des raisons est qu'il était indispensable de se borner. Pour ne pas sortir des limites dans lesquelles demeure la *Bibliothèque des Parents et Maîtres*, il fallait se contenter d'un ouvrage qui ne fût point trop vaste et formât cependant un tout par lui-même. Il fallait aussi songer aux parents et aux élèves à qui ce livre s'adresse. Pouvait-on aborder des sujets trop austères que l'on ne pénètre point sans une longue préparation antérieure? Nous serons déjà trop heureux si l'on pardonne au volume actuel de n'avoir pas l'allure aisée et charmante de ses voisins, et si on ne lui reproche pas trop vivement de s'être laissé gagner par la gravité allemande.

Mais, au fond, une raison plus forte nous a décidés. C'est que la question des rapports entre l'école et les familles est à l'heure actuelle l'une des plus ardentes et, sans conteste, l'une des plus importantes. Les polémiques pédagogiques, religieuses ou politiques, ont attiré l'attention sur ce sujet. La force des événements amène les parents, en majorité au moins, à se soucier de ce qui se passe derrière les portes de l'école. Et celle-ci sent qu'elle ne peut plus se fermer aux influences du dehors, et qu'elle ne continuera à vivre que si elle prend connaissance de la vie sociale et réussit à s'y adapter. Si divers que puissent être les sentiments et les mobiles qui poussent les divers individus, chacun sent que le problème est posé et qu'il est capital. Il était donc nécessaire qu'il fût exposé et étudié dans une collection qui précisément a pour but de tenir les familles au courant des grandes questions pédagogiques.

Mais pourquoi aller chercher un exemple à l'étranger, dans cette Allemagne qui par sa pédagogie n'a pas exercé sur notre enseignement une influence toujours heureuse? Comment voulez-vous — et M. Münch nous l'écrivait lui-même — que des observations faites en Allemagne, des solutions proposées pour l'Allemagne puissent être valables pour notre pays? Quel enseignement utile prétendez-vous en tirer pour nous?

Faisons remarquer tout d'abord que si nous cherchons ici un exemple en Allemagne, ce n'est point pour admirer telle ou telle partie de son organisation scolaire et essayer de la copier dans la nôtre. Le texte de M. Münch montre, au contraire, que cette organisation a des défauts elle aussi, et qu'on s'efforce d'y remédier. Ce sont des critiques allemandes et non pas des considérations admiratives que nous reproduisons. Ce n'est pas en chantant les perfections de nos voisins que nous essayons de nous corriger, mais bien en révélant d'après eux les imperfections existant en Allemagne et les moyens proposés pour les faire disparaître. Il ne s'agit point d'un entraînement servile, mais d'une excursion d'étude.

Nous ne pensons pas, d'autre part, que les différences inévitables entre l'école française et l'école allemande entraînent des conséquences si graves. Il existe, nul ne songe à le nier, des circonstances particulières à chaque école, qui ne trouvent leur explication et leur raison d'être que dans les conditions générales de la vie de chaque pays. Chaque fois qu'il sera nécessaire, nous signalerons ces différences spécifiques, ou bien le lecteur fera spontanément le départ entre ce qui est applicable à la France et ce qui ne lui convient pas.

Mais il n'est pas moins vrai que sur de nombreux points, sur les points essentiels, les ressemblances l'emportent sur les divergences. Il existe chez un père ou une mère de famille de ces sentiments profonds qui ne diffèrent pas tellement d'un pays à l'autre. La question elle-même de la collaboration entre l'école et les familles demeure la même aussi. Il y a donc plus de leçons utiles à tirer d'une incursion à l'étranger qu'on ne pourrait le croire au prime abord, et la lecture même de l'ouvrage de M. Münch en fera foi.

Si l'on nous poussait, nous irions même jusqu'à dire qu'il est nécessaire d'aller, dans cette question, chercher quelque lumière à l'étranger. Car chez nous le débat a été singulièrement obscurci et dévoyé. On lui a donné, en effet, un caractère ouvertement politique. Ceux qui se préoccupent tellement de l'école ne songent pas au bien seul de celle-ci. Ils ne recherchent pas les améliorations uniquement pédagogiques qu'elle pourrait recevoir. Ils ne se soucient guère des avantages qu'elle pourrait retirer d'une collaboration des parents, les représentants de la société actuelle. Ce qu'ils souhaitent, c'est de voir l'école prendre une tendance nettement accusée. Ils la veulent laïque ou catholique, démocratique ou aristocratique, selon leurs goûts personnels. L'école n'est qu'un objet litigieux que se disputent des hommes politiques.

Ces hommes politiques s'imaginent volontiers que la question des rapports entre l'école et les familles ne se pose qu'en France, parce que depuis la suppression du Concordat la lutte y est devenue plus passionnée entre les éléments laïques et républicains d'une part, et les défenseurs de la religion et de la monarchie de l'autre. C'est pourquoi l'on voit prôner des solutions qui ou bien seraient insignifiantes, ou ne feraient que compliquer le problème au lieu de le résoudre. Celui-ci voudrait régler la question des manuels d'histoire, et son voisin réclame le monopole de l'enseignement, comme si les difficultés réelles de la question n'étaient pas d'un autre ordre, et ne devaient pas subsister même après l'exécution de ces changements !

En même temps, ces passions politiques donnent au débat une allure fâcheuse. Par suite même de l'immixtion de la politique dans cette affaire, une question qui devrait être débattue avec tranquillité, avec un bon vouloir réciproque, n'est abordée qu'avec agitation, partialité et mauvais vouloir. Il s'agit bien de chercher et d'établir une entente entre les deux facteurs essentiels de l'éducation, l'école et la famille! C'est la guerre déclarée entre eux deux. Dans le fond, c'est à qui de l'école ou des familles soumettra l'autre à sa domination, ou en attendant, lui jouera les plus mauvais tours.

Eh bien, c'est en lisant un ouvrage comme celui de M. Münch, ou encore les opinions allemandes et autrichiennes que nous avons reproduites à la fin du volume, qu'un peu de lumière sera projetée sur le débat. On s'apercevra évidemment que la question se pose à l'étranger comme en France. On verra que la question ne saurait être impunément portée sur le terrain de la politique, mais qu'elle est, et doit rester, pédagogique et sociale. On se rendra compte alors qu'elle est singulièrement vaste et ardue, et que si d'une part il est impossible à l'école de trancher à elle seule une question qui intéresse la nation entière, il est inadmissible que des personnes étrangères à la pédagogie prétendent régenter là où elles n'ont pas plus de compétence qu'un notaire qui se mêlerait de construire un fort ou un marin de pratiquer la médecine. On reconnaîtra que des solutions minimes ou simplistes ne sauraient suffire.

Enfin, on comprendra surtout que c'est, dès l'abord, se condamner à l'impuissance que de vouloir résoudre un si grand problème en ayant de la haine au cœur.

Gaston RAPHAËL.

PARENTS, PROFESSEURS ET ÉCOLES

D'AUJOURD'HUI

CHAPITRE PREMIER.

Considérations générales.

Il n'est pas prouvé que le mal soit le pire, là où retentissent les plaintes les plus fortes, ni que les défauts soient particulièrement graves, là où s'élèvent les réclamations les plus nombreuses. Cette vérité vaut pour les groupements humains aussi bien que pour les individus.

Il y a des époques qui semblent contentes d'elles-mêmes, ou du moins il en exista. Ce ne furent pas de simples pauses dans la lutte et les revendications, mais des périodes d'une longue durée. Cela ne veut pas dire qu'elles aient été les plus favorisées. Peut-être que la conscience des défauts réels manquait d'acuité; les individus avaient moins le sens de la forme générale et du courant de la vie; ou bien il n'y avait point de courant vif, mais plutôt une stagnation intérieure. Mais nous, qui sommes venus plus tard et embrassons plus commodément tout le passé, nous aurions long à dire sur tout ce que les hommes d'alors auraient pu souhaiter, sur tout ce qu'ils auraient dû attaquer ou conquérir.

A d'autres époques, au contraire, on entend le bourdonnement de voix innombrables qui réclament sans cesse, protestent contre tout ce qui dans le moment est mauvais, faux, corrompu, dangereux et insupportable, — sans que pour cela le bilan du doit et de l'avoir, des défauts et des qualités, soit, précisément à cette époque, au total défavorable, sans qu'il faille s'attendre à ce qu'un historien, dans un avenir lointain, peigne cette période sous de sombres couleurs. Cela vient peut-être de ce qu'une telle époque a pris une conscience plus claire d'elle-même, et de ce que la civilisation est plus avancée. Ou bien encore cela vient de ce que la génération se rend compte d'une façon plus précise de sa situation et de ses besoins. Et il est bien possible que ce soit justement au moment où l'on est délivré de la nécessité extérieure la plus grossière et la plus lourde, où l'on croit, en considérant les choses d'une façon toute superficielle, que les gens sont le plus heureux, que le sentiment des imperfections et des besoins peut devenir tout à fait vif.

Mais il arrive aussi que, indépendamment de considérations de ce genre, des périodes de contentement de soi-même alternent avec d'autres de critique amère. Il arrive aussi fort bien que la joie la plus bruyante, à propos des conquêtes intellectuelles de l'époque, retentisse en même temps que les plaintes les plus douloureuses. Est-ce dû uniquement à un état de surexcitation plus grande ou à une nervosité plus maladive?

A cela s'ajoute pourtant bien quelque chose. Si nous songeons précisément à notre époque présente, à laquelle s'applique certainement ce que nous venons de dire, c'est ceci : la succession rapide de changements profonds dans la vie extérieure a soulevé presque simultanément une quantité de questions nouvelles, et a fait remarquer dans de vieilles habitudes et organisations séculaires des aspects que l'on n'avait pas aperçus jusque-là.

En outre, une sorte de hasard joue également son rôle. Un sentiment éclos tout d'abord dans tel ou tel individu, s'il est exprimé avec éloquence, suscite le même chez d'autres individus et trouve partout de l'écho. Une pression exercée longtemps d'une façon faible peut devenir intolérable si l'on y porte l'attention. Une imperfection, que l'on soupçonnait vaguement, peut paraître rapidement une erreur monstrueuse, si la pensée y revient souvent, spontanément ou sous une influence étrangère, et si l'on est d'humeur morose.

Une époque peut éprouver, enfin, le besoin de voir les choses anciennes comme avec des yeux nouveaux, de découvrir des points de vue encore inconnus, d'ouvrir des chemins encore ignorés, de jeter des regards dans de nouveaux lointains et d'apercevoir des imperfections, qui ne passaient point pour telles. Il peut se produire dans les divers domaines de la civilisation sociale une poussée en avant si violente, que l'on se sent entraîné tout entier et qu'on redoute avant tout de ne pas marcher avec son temps.

.*.

Actuellement, on se plaint surtout de nos écoles secondaires. On se plaindrait encore bien plus des écoles primaires, si elles touchaient davantage les classes où d'habitude on se forme un jugement personnel et où l'on possède une sensibilité plus grande. Dans le passé déjà, n'est-ce pas contre les écoles secondaires que les plaintes et les protestations étaient les plus nombreuses? Et cela pour cette raison naturelle aussi que, les buts poursuivis par cette école étant non seulement plus élevés, mais plus compliqués, les chances de les manquer sont d'autant plus nombreuses.

Faire une critique pénétrante de l'enseignement primaire reste l'apanage de certains idéalistes profonds. C'est ainsi que jadis une protestation véhémente contre l'organisation des écoles populaires est sortie de la bouche d'un seul homme, d'une âme unique en son espèce et isolée, mais dont l'action fut puissante et se répandit bientôt sur tout le monde civilisé. C'était la voix de Pestalozzi il y a cent ans. Nous lui devons au total le meilleur de l'esprit qui anime l'enseignement primaire et les maîtres qui le donnent. Tout n'est assurément pas dit sur ce sujet; car la tâche de cet enseignement lui aussi est infinie. Mais l'opinion publique s'en préoccupe moins.

On peut dire que l'on n'est porté à critiquer que les choses dont on a eu à souffrir soi-même. Actuellement, le monde civilisé témoigne sans doute un certain intérêt à l'exécution des peines dans les prisons et doute fortement de leur bonne application, de la nécessité ou de la justice de certaines mesures. L'opinion publique s'émeut souvent aussi du rapport entre les délits et les peines, telles que les prononcent le code ou les juges. Mais les condamnés demeurent personnellement étrangers à la plupart des gens, et cet intérêt n'acquiert pas assez de consistance pour devenir une bruyante revendication publique. Celui que mécontente la décision d'un juge dans une affaire garde, d'ordinaire, sa mauvaise humeur pour lui. Cela n'excite pas l'intérêt public. On discute parfois l'opinion d'un procureur, mais seulement dans quelques articles de journaux ou dans des conversations privées : cela n'atteint guère, ou pour un moment seulement, le grand public.

On plaisante souvent le tapis vert des bureaucrates (une plaisanterie souvent injustifiée d'ailleurs); mais cela ne va pas plus loin.

Les abus que l'on n'a pu encore faire disparaître de l'armée n'ont, jusqu'à ces derniers temps, pas produit d'impression sérieuse, parce que la croyance générale à l'organisation totale et le souvenir des hauts faits accomplis s'y opposaient. Et si, récemment, certains côtés, en particulier la justice militaire et les mauvais traitements des soldats, ont provoqué les critiques du public, cela est resté le domaine de certains partis politiques; d'autres ne s'y intéressent qu'incidemment.

Il y a encore plus d'inégalité dans les critiques relatives aux rapports entre patrons et ouvriers, où l'on est souvent injuste contre ceux qui ne manquent aucunement de bienveillance, tandis qu'on en épargne d'autres, qui oppriment et exploitent les salariés de façon vraiment indigne.

A l'égard des autorités ecclésiastiques elles aussi, on manifeste souvent de la mauvaise humeur. Un sentiment de profonde divergence dans la compréhension des principes religieux pénètre les cœurs; et de dures accusations, des reproches et des protestations amères ne manquent pas de se produire, tant dans les conversations privées qu'en public. Pourtant, on se contente là souvent d'une opposition intérieure, et seuls, quelques hommes font de la lutte sur ce terrain leur occupation constante. On a le sentiment de la difficulté et de la profondeur des problèmes soulevés, et l'on n'est guère disposé à se lancer dans de mesquines escarmouches.

Naturellement, dans tous les domaines dont nous venons de parler et dans bien d'autres encore, les partis politiques mettent en lumière et attaquent avec force les points faibles; mais la passion de l'assaillant se heurte à l'énergie non moins forte du défenseur.

Il en va donc presque partout autrement que sur le terrain de l'enseignement et des écoles publiques. Il ne serait pas exact de parler d'un parti déterminé, délimité, reconnaissable, qui les attaquerait. Il ne le serait pas davantage de prétendre que c'est plutôt par hasard que les signes de mécontentement se sont manifestés à maints endroits. Il vaut la peine de s'occuper plus à fond de ces plaintes en masse et d'essayer avant tout de les bien comprendre.

Nous n'irons pas après cela nous prononcer de telle sorte que l'un ou l'autre parti, demandeur ou défendeur, se voie donner raison. Cela serait impossible déjà pour ce seul motif que non seulement les plaintes sont d'une variété extrême et diffèrent considérablement, mais encore se contredisent souvent d'une manière absolue. Mais, en faisant même abstraction de ce fait, il est bien invraisemblable de prime abord, pour quiconque a de l'expérience, qu'on ait toujours conservé dans un tel assaut la mesure et l'équité. Que ceux donc qui ne veulent entendre que ce qui répond à leur propre sentiment, s'accorde avec leur propre voix, ou tout au plus contredit leur sentiment de façon telle que leur ardeur combative soit excitée davantage, ne se préoccupent pas des considérations de ce livre : elles ne leur serviront en rien. S'ils sont passionnés et nerveux, il se peut qu'ils s'irritent davantage de la tentative que nous faisons pour trouver un juste milieu; qu'ils y voient de la faiblesse et non une supériorité : ils n'admettront jamais d'autre supériorité que celle de la passion étroite.

Il va de soi, d'ailleurs, que l'important est de savoir si l'on cherche ce juste milieu, parce que l'on n'a pas le courage, ni la lucidité nécessaires pour se joindre à un parti, ou bien parce qu'une expérience beaucoup plus étendue, une connaissance approfondie de toutes les données réelles ou psychologiques ont permis de s'échapper de la plaine encombrée de combattants pour monter sur une hauteur d'où la vue s'étend plus loin.

CHAPITRE II.

Les écoles et l'opinion publique dans les temps passés.

Depuis qu'il existe des écoles, même d'organisation rudimentaire, — c'est-à-dire consistant en ceci qu'un maître instruisait en un endroit quelconque les fils de plusieurs familles à la fois, — il s'est produit des manifestations de mécontentement des deux côtés, chez les parents au sujet du maître et chez le maître au sujet des parents. Et cela n'est pas une simple hypothèse vraisemblable, fondée sur l'analogie ; cela nous est prouvé formellement pour l'antiquité grecque par de nombreux témoignages.

Les parents réclamaient pour leur progéniture des ménagements pratiquement impossibles et une indulgence inacceptable ; ils prenaient régulièrement parti pour leurs enfants contre les décisions du maître ; ils ne voulaient rémunérer le travail pénible de celui-ci que très chichement, et lui enlevaient leurs fils à la moindre occasion pour voir s'ils marcheraient mieux chez un concurrent; toutes ces plaintes des magisters d'antan n'ont rien qui nous surprenne. Et elles nous permettent de deviner en quoi les parents se plaignaient des maîtres.

Mais il est une réclamation que nous ne voyons pas figurer au premier plan et qui, selon notre sentiment, aurait dû être une des plus vives : la réclamation contre les coups distribués par les maîtres. Est-ce parce qu'il n'en était pas donné, et que les châtiments étaient inconnus à la noble civilisation et à la haute humanité du peuple grec? Bien au contraire, les coups passaient pour indispensables dans l'éducation de la jeunesse et pour un moyen scolaire tout naturel, non seulement chez les Spartiates grossiers ou les Béotiens épais, mais encore dans l'Attique raffinée. Les Grecs en pensaient évidemment ce que le peuple en pense encore de nos jours : il faut maintenir nettement la jeunesse dans certaines limites, arrêter ses incartades, et, pour cela, le moyen le plus naturel, ce sont les coups. Si la mesure est un peu trop forte, il n'y a point là d'injustice, et l'effet n'en est que plus probable.

En outre, lorsqu'il s'agissait de plus que de l'enseignement élémentaire, on s'efforçait avec soin de découvrir les maîtres qui conduisaient leurs élèves le plus loin dans la sagesse et la science. Il s'établissait une relation analogue à celle que nous voyons de nos jours entre les médecins ordinaires, les médecins illustres et le public : on se précipitait chez les plus célèbres, mais pour maugréer en même temps contre leurs honoraires toujours plus élevés, à moins qu'on ne se fît une gloire de parvenu de payer les fortes sommes. C'est seulement sous l'Empire romain que les écoles secondaires devinrent des institutions publiques, comportant des traitements réglés et fixes pour les professeurs.

On sait qu'au Moyen âge presque toute l'instruction était chose d'Église, des couvents d'abord, puis, dans la suite, des cures urbaines. Il en résultait que les rapports entre maîtres et parents avaient un tout autre fondement. Ceux-là passaient pour de grands bienfaiteurs; ce qu'ils faisaient pour la jeunesse était œuvre pie; les laïques élevaient humblement les regards vers eux. Il ne venait à l'esprit de personne de se faire une idée du contenu de l'enseignement. Celui-ci était étroitement lié à la culture religieuse et donné avec elle. Il était considéré comme une valeur absolue, si misérable, si maigre, et, en un certain sens, si stérile qu'il fût selon nos idées actuelles. La méthode elle-même, très primitive et psychologiquement contestable, demeurait naturellement à l'abri de toute critique de la part des profanes. Quant à la discipline, en général, les moines et autres clercs traitaient avec amabilité leurs jeunes disciples; peut-être était-ce pour eux une façon d'aimer la vie et de s'ouvrir à des sentiments éternellement humains sans violer leurs vœux. Nous savons même combien quelques-uns des meilleurs eurent de joie à exercer, leur vie entière, leur fonction d'éducateurs; comment ils permettaient beaucoup de gaieté à la jeunesse qui les entourait, et quel attachement durable cette jeunesse avait pour eux. Mais tout cela n'empêchait pas que le fouet ne jouât constamment un grand rôle. Notre conception de l'inhumanité ne pouvait se faire jour à une époque où la nature humaine était, par définition, entachée de péché, où l'ascétisme, la mortification de la chair passaient pour un mérite. D'ailleurs, la plupart des élèves étaient destinés eux-mêmes à la carrière ecclésiastique. Car l'époque ne savait rien non plus des droits des jeunes individualités envers leurs parents, puisque les fils étaient destinés à tout jamais dès leur bas âge, par la volonté paternelle, à l'église et au couvent, comme par une sorte de sacrifice que les parents auraient fait au ciel. Et l'on disait heureux ceux qui, par leur savoir pieux, s'élevaient d'un degré dans l'existence.

Car tous les hommes de cette époque, toutes ces nations neuves, qui avaient pour ainsi dire vécu dans une inconscience enfantine et commençaient à percevoir l'importance possible de la vie spirituelle, tous étaient pénétrés d'une admiration profonde pour le savoir, alors même qu'il s'agissait d'un savoir qui chez nous passerait pour très élémentaire. Mais on ne distinguait pas encore entre le savoir transmis et la connaissance réelle, ou bien entre le savoir précieux, fécond et le pur savoir décoratif. Tout savoir scolaire conférait une sorte de noblesse, et dût-il être acquis au prix de nombreuses souffrances, cela n'arrêtait personne. Ceux qui avaient le plus à souffrir, c'étaient les enfants des princes ou des autres nobles, de qui l'on exigeait un vaste savoir à côté de toutes leurs qualités princières et chevaleresques. Quelque chose pouvait, à tout prendre, aider la jeunesse d'alors à supporter une méthode d'enseignement par trop naïve : la mémoire, chez les hommes qui ont vécu jusqu'à ce moment d'une vie de nature, se montre d'une capacité étonnante (étonnante pour nous) lorsqu'il s'agit d'entreprendre un travail sérieux et soutenu. On peut, à l'occasion, faire cette remarque même dans notre civilisation. A cette époque, c'était une force nerveuse héréditaire, vierge, qui entrait en jeu et ne se sentait point si facilement surmenée par l'étude.

On éprouve surtout cette impression à propos de l'humanisme qui fait suite au Moyen âge. Le savoir des savants a, en ce moment, infiniment gagné en étendue et en contenu. Les humanistes passaient pour la classe supérieure de cette époque. Il était tout naturel que le savant « allât de pair avec le roi », et les rois et les princes, de leur côté, n'avaient pas de souci plus pressant que d'acquérir une part aussi grande que possible du noble savoir. Nous ne pouvons comprendre qu'avec peine quelle somme de temps et de force était dépensée par ceux que l'étude enthousiasmait, combien d'heures du jour et de la nuit ils consacraient au travail, quelle quantité de livres étrangers ils parcouraient et étudiaient, et quelle quantité de choses ils arrivaient à connaître avec sûreté, souvent même dans leur jeunesse. Et de même que les princes de la science mettaient leur joie à conquérir le plus de jeunes disciples possible pour leurs études, de même les fils du peuple, sortis souvent des classes les plus humbles, se pressaient d'aller à eux. Ce n'était pas une honte de s'asseoir même assez âgé sur les bancs de l'école. C'était un avantage, un honneur et une satisfaction profonde que de pouvoir prendre sa part du fier savoir humaniste.

Assurément, c'était aussi l'époque de la négation presque complète des droits de la nature, l'époque où l'on pâlissait sur les livres, en méprisant nécessairement toute autre occupation. Mais il est touchant de voir au prix de quelles peines et de quels sacrifices, avec quelle endurance et quelle nostalgie on recherchait la culture nouvelle; comme on voyageait à travers le pays pour trouver quelque part la bonne école, c'est-à-dire le bon professeur, c'est-à-dire encore celui qui savait le plus; combien on était heureux de toute quantité appréciable de savoir spécial que l'on avait acquise. Et pourtant, ce n'était la plupart du temps qu'un savoir verbal, ou bien un savoir de formes, d'expressions, ou bien la connaissance des idées d'une époque lointaine, qui rendaient si content, si dévoué et persévérant, si fier et si heureux.

Bientôt cet enseignement dépassa les bornes de la sécheresse et de l'aridité. Chez la plupart des étudiants, il se produisait une disproportion énorme entre le temps consacré à l'étude et les résultats obtenus. Alors des critiques se firent peu à peu entendre, isolées d'abord, puis trouvant toujours plus d'écho. On se mit déjà à maugréer avec passion contre les écoles, leurs méthodes et leurs programmes. Ici et là se fit jour cette idée que l'on devait, à l'aide d'une méthode plus adroite, transformer en un jeu facile ce qui était un si lourd fardeau. C'est ainsi qu'au dix-septième siècle, on ne s'appliqua pas uniquement à pénétrer les secrets de la vie et les mystères de la nature, mais que certains individus consacrèrent leur existence à découvrir des méthodes d'enseignement infaillibles. Et l'on y apporta un zèle plus honnête, mais parfois aussi plus passionné et plus charlatanesque.

Mais ce n'étaient encore que certains penseurs indépendants qui s'étaient mis à douter de la valeur de la tradition. Le public ne commença à s'intéresser à la question scolaire que lorsque les nobles, poussés en partie par l'admiration de la vie à l'étranger, désirèrent acquérir une culture non plus scolaire, mais à l'usage du grand monde. Alors on se demanda, avec un haussement d'épaules, ce que le jeune homme destiné au monde pouvait retirer des matières enseignées à l'école latine, matières sans utilité pratique et infécondes. On réclama pour lui la possession des langues modernes, la connaissance de la civilisation contemporaine, des mathématiques, de la géographie, puis des notions de politique, des exercices de chevalerie, l'aptitude à la conversation, de bonnes manières, et aussi certaines sciences dont l'étude comptait parmi les passions nobles. Tout cela formait à peu près le programme des *Académies nobles* et des établissements analogues. Mais ces écoles souffraient intérieurement d'un mauvais fonctionnement, d'un manque de cohésion dans les matières enseignées et d'une vue trop courte dans les fins poursuivies. Elles n'eurent jamais de prospérité réelle et n'auraient pu jamais intéresser une grande partie de la jeunesse.

Mais si les écoles secondaires ordinaires empruntèrent à ces programmes copieux un certain nombre de matières, elles conservèrent, même pendant le cours du dix-huitième siècle, bien d'autres choses qui nous semblent extraordinairement arriérées. Sans parler de la mauvaise organisation de l'enseignement, on se trouvait la plupart du temps des conditions matérielles misérables, aussi bien en ce qui concerne les salles que le matériel, et l'on avait de nombreuses punitions souvent injustifiables psychologiquement. Mais les parents ne s'en formalisaient pas en général. La discipline au sein de la famille reposait, tout comme à l'école, sur la croyance à la perversité de la nature humaine, ou tout au moins à la nécessité constante d'une réaction énergique contre la nature de la jeunesse, et à l'utilité de nombreux châtiments. Dans quelques classes seulement, on inclinait, par contraste, à gâter les enfants. Mais là, on n'avait rien à voir avec les écoles publiques. Les précepteurs, domestiques de première classe, dépendaient déjà bien assez des désirs et des idées des parents. Mais pour les écoles publiques, le mécontentement qu'elles pouvaient, à l'occasion, provoquer se taisait bien vite en raison de la réputation dont l'instruction jouissait et qu'elle conférait. Et, d'autre part, une vie étroite et assez misérable passait pour la condition naturelle de notre existence ici-bas. On acceptait tout aussi bien l'exiguïté, la nudité des salles dans les écoles que dans les hospices, les prisons et les couvents. Ce n'était pas par pur hasard, d'ailleurs, car c'est dans les couvents que furent organisées les premières écoles du Moyen âge. Et si elles se trouvaient parfois dans la résidence du prince ou la cathédrale de l'évêque, elles prenaient place, il va de soi, dans les dépendances, — de même que l'on considéra longtemps une sorte de grange, ou salle analogue, comme un lieu tout à fait satisfaisant pour les cours d'une université.

Et au cours de longs siècles, même après la Réforme, n'est-ce pas aux mains du clergé qu'était demeurée, ou retournée, une grande partie de l'enseignement supérieur? On sait ce qu'ont fait les Jésuites sur ce point. Nous pouvons bien aujourd'hui, de notre point de vue, critiquer leurs procédés didactiques et pédagogiques, si vantés autrefois ; nous pouvons bien leur reprocher d'avoir mécanisé, ou tout au moins de n'avoir nullement développé les esprits, sans parler de leurs procédés singulièrement funestes à la formation des caractères. Il n'en est pas moins vrai que les familles nobles de tous les pays avaient une confiance absolue dans leur science pédagogique et la solidité de toutes leurs institutions. On tenait aussi pour une preuve de sagesse supérieure, et de bonne conception de la vie, le fait que ces éducateurs religieux ne quittaient, autant que possible, pas une minute les enfants à eux confiés, ne leur accordaient jamais de vacances, et ne leur permettaient que de très rares contacts avec leurs familles. D'ailleurs, même les écoles d'esprit plus libre repoussaient également les vacances, parce qu'on était trop persuadé de la valeur d'un travail intellectuel continu. Quelle tempête de protestations ne retentiraient pas aujourd'hui contre une telle conception et une telle organisation !

Sans doute Rousseau avait fait retentir entre temps sa voix passionnée. Mais alors même que ses idées eussent été applicables, comme de nombreux contemporains fascinés le croyaient, des propositions aussi radicales n'auraient jamais pu prévaloir d'un coup contre l'état de choses existant. Quoi qu'il en soit, c'est surtout sur l'Allemagne et ses écoles — à l'encontre de la France — que l'esprit de Rousseau eut peu à peu, et de façon indirecte, une influence sensible.

On la ressentit d'abord vers les années 70 du dix-huitième siècle dans les établissements dénommés *Philanthropines* de Basedow et consorts, à Dessau et ailleurs. Les fondateurs de ces établissements ont élevé contre tout le système et la vie scolaire d'alors des plaintes si passionnées et fait naître de si belles espérances, qu'elles n'ont pu être dépassées de nos jours. L'étude pénible, disaient-ils, doit se transformer en un jeu; il faut employer des méthodes qui permettront d'atteindre en très peu de temps les buts que l'on n'atteignait jusque-là qu'à grand'peine. On doit cesser d'apprendre péniblement par la mémoire, mais au contraire saisir par l'intelligence. Au lieu d'apprendre surtout les langues, il faut acquérir un savoir varié et réel, et au lieu de ce qui n'a qu'une valeur traditionnelle, des choses d'une utilité indéniable. D'une manière générale, l'étude doit trouver un contrepoids ou un complément dans des jeux abondants. Le jeu et l'étude doivent aussi ne faire souvent qu'un ; les exercices physiques obtiennent droit de cité dans les plans d'études ; la gaieté doit être provoquée et régner à l'école ; les rapports personnels entre maîtres et élèves doivent rester amicaux ; les punitions doivent devenir presque inutiles et être remplacées essentiellement par des éloges et des distinctions.

Ne reconnaît-on pas dans ces programmes à peu près toutes les revendications que l'on élève de toutes parts de nos jours ? Réellement, sans que l'on ait étudié ou connu les « Philanthropes », on est revenu à leurs desiderata. Mais si ceux-ci trouvèrent l'approbation de certains esprits indépendants, le nombre des gens qui confièrent leurs enfants aux nouveaux établissements resta très faible, et les espérances mises en leur système ne se réalisèrent pas. La méthode si abrégée ne produisit point de résultat appréciable, la diversité empêcha toute véritable éducation, l'étude faite en jouant ne donna aucun sérieux aux enfants et l'emploi de toutes sortes de distinctions extérieures ne pouvait guère servir à former de véritables caractères. Le devoir est pour les enfants un mot plus salutaire que l'honneur et les croix. Cela n'empêche pas que les « Philanthropes » n'aient eu parfois des vues utiles, et qu'une grande partie de leurs principes ne soit demeurée debout.

Puis les gens cultivés furent secoués de la manière la plus vive par l'apparition de la personnalité originale, à la fois si simple et si profonde, de Pestalozzi. De nouveau on eut partout le sentiment qu'il fallait enfin réaliser une éducation digne de ce nom, fondée sur la véritable compréhension du développement de l'enfant, faite pour la vie pratique et véritablement humaine. Malgré les communications rudimentaires de cette époque, le nom du généreux Suisse fut connu et célébré, dès les premières années de son apparition, dans tous les pays européens. On avait le sentiment qu'un jour nouveau se levait. C'était la voix de la belle espérance qui se faisait entendre dans les cœurs, et non celle de la colère, de l'impatience et du mécontentement profond comme de nos jours.

A ce grand ami du peuple et des enfants, qui a vraiment exercé sur l'esprit et les dispositions des éducateurs une influence profonde, succédait, en Allemagne notamment, une longue série de penseurs ardemment attachés au problème de l'éducation. En même temps, l'organisation de l'éducation publique fut considérée et traitée toujours plus nettement comme une fonction de l'État, si bien que les familles allaient se trouver en présence d'une nouvelle force — propice ou nocive.

CHAPITRE III.

Évolution des choses au dix-neuvième siècle.

Au total d'ailleurs on se plaignait, jusqu'à il y a cent ans environ, beaucoup plus du manque d'occasions d'étudier que des imperfections d'organisation ou de méthode. Les écoles secondaires, et en particulier les plus réputées, se trouvaient toujours à des distances considérables les unes des autres. Les classes y étaient souvent très incomplètes, le nombre des professeurs limité, les salles, comme par le passé, des locaux de fortune, le matériel plus qu'insuffisant, même si l'on ne prend pas pour point de comparaison les meilleures écoles de nos jours. Un accroissement aussi grand que possible des occasions de s'instruire semblait aux gouvernements ou aux administrations publiques un but très important, tout comme c'était dans le peuple une idée répandue que la culture supérieure traditionnelle conférait à celui qui l'acquérait une plus grande valeur humaine. Heureux donc le fils d'une famille de condition modeste à qui ce chemin s'ouvrait, chemin conduisant d'ailleurs aux honneurs, à la réputation et à l'influence. Car en Allemagne on parvenait en général à une bonne situation en passant par la voie de l'école, tandis qu'en Angleterre, bien au contraire, on recherchait d'abord la fortune, et, après s'être enrichi, la culture intellectuelle en second lieu seulement.

Et les soins des gouvernements, après avoir organisé le plus possible d'écoles primaires convenables et décrété l'instruction obligatoire pour tous, se tournèrent vers les écoles secondaires. Non seulement elles furent multipliées et améliorées, on ne rendit pas seulement possible de faire ici ou là quelque chose d'excellent, mais on voulut que l'école s'engageât à fournir un travail régulier, minutieux, et à garantir un résultat précis et réel.

On retrouve là la conception du devoir qu'ont tous les membres d'une communauté d'entretenir leur valeur, chacun dans son domaine. La formule la plus simple que l'on trouva est que l'État a besoin de bons fonctionnaires.

Et c'est ainsi que l'on attendait du passage à l'école primaire à la fois des citoyens un peu dégrossis et des hommes ayant conservé la tradition religieuse et, partant, une certaine moralité. C'est dans cet esprit que l'on y enseigne la lecture, l'écriture, le calcul et le christianisme. Et c'est ainsi que dans les écoles secondaires on voit s'instituer peu à peu des conditions d'admission plus précises, une réglementation plus rigoureuse pour le passage d'une matière à une autre, des plans d'études plus arrêtés et plus détaillés, un contrôle régulier du travail par des fonctionnaires de l'État, et avant tout (c'est du moins ce que les intéressés ressentaient le plus vivement), des examens, en particulier à la fin des études, afin de prouver le résultat obtenu.

On vit à cette époque, dans toutes ces institutions, une grande amélioration, et un grand et important progrès. Aujourd'hui, nous pouvons y voir un changement salutaire. C'était une nouvelle étape dans la concentration de la nation et, en une certaine mesure, dans son éducation par elle-même, et l'on peut certainement rapprocher les succès extérieurs de notre peuple dans la suite, de ces exigences imposées à la jeunesse scolaire.

Dans les écoles secondaires prussiennes, il pénétra un peu de l'esprit du monarque instituteur Frédéric-Guillaume : louer peu et demander beaucoup, tel fut là aussi le mot d'ordre. On se souvenait « de ces diables de devoirs et obligations ».

Mais, au même moment, une nouvelle conception plus complète de la culture avait pris naissance. Elle dépassait très nettement le savoir savant et l'habileté oratoire qui, jusqu'alors, avaient satisfait toutes les générations antérieures. Elle dépassait même la tendance philosophique populaire qui s'y était ajoutée au dix-huitième siècle. Développement des forces personnelles, réceptivité variée pour tout ce qui était élevé et vrai, compréhension de tout ce qui était humain en toute circonstance, accord harmonieux entre les différents aspects de l'être, libre développement de l'individu, voilà le but qui se présente à cette heure.

Cet idéal a été en quelque sorte projeté dans les écoles secondaires sous forme de plans d'études variés. C'est ainsi que dans les lycées, à côté de l'étude des langues anciennes que non seulement on ne négligea pas, mais qu'on reprit avec une nouvelle énergie, vint s'ajouter l'étude devenue très importante des mathématiques (qu'auparavant on n'étudiait guère qu'en jouant) et, à des degrés d'importance divers, toutes les autres matières. Nos élèves d'aujourd'hui seraient effrayés et anéantis si on prétendait leur demander tout ce que les *plans d'études de 1806*[1] voulaient imposer. Aussi s'est-il produit des hésitations dans les prescriptions officielles : tantôt on retrancha et tantôt on ajouta ; on essaya, en différenciant les écoles, de simplifier quelque peu les plans d'études de chacune d'elles. Néanmoins, le nombre d'heures de travail quotidien que l'on exigeait d'un élève du lycée (et des écoles concur-

[1]. Ces plans d'études ne comportaient pas moins de 32 heures de classe par semaine pour chaque classe. Dans l'ensemble des dix années d'enseignement, le latin prenait 76 heures, le grec 50, la langue maternelle 44, les mathématiques 60, les sciences naturelles 20, l'histoire 30, la religion 20, le dessin 12, l'écriture 8. Pour se présenter à l'examen de maturité (baccalauréat), les élèves devaient avoir lu en entier, à la maison et en classe : l'*Iliade*, l'*Odyssée*, plusieurs pièces de chacun des tragiques grecs, quatre livres d'Hérodote, l'*Anabase*, plusieurs *Vies* de Plutarque, le *Discours pour la couronne* et le *Phédon*; en latin : tout Virgile (sauf les *Géorgiques*), Horace, les *Métamorphoses*, des fragments des élégiaques, César, six livres de Tite-Live, Salluste, les *Annales*, les discours de Cicéron et des extraits de ses œuvres philosophiques. (*Note du traducteur.*)

rentes), pendant la plus grande partie du siècle dernier, était beaucoup plus considérable que celui que l'on ose demander aujourd'hui ou que l'on jugerait tolérable. Et si, à cette époque déjà, quelques voix s'élevaient contre l'étendue de ces exigences, on ne les en considérait pas moins au total comme un minimum indispensable et au fond salutaire.

Il y avait là comme une survivance de cette idée que seule la vie intellectuelle était digne de l'homme, que l'on ne devait accorder aucun droit réel aux autres besoins et qu'à un enrichissement intellectuel considérable correspondait un accroissement de la valeur personnelle totale. Entre temps, on disait même formellement, que ceux qui n'étaient pas capables de suffire à toutes les exigences imposées devaient être tenus pour des éléments inférieurs de la nation et abandonnés à leur sort.

Quelque chose de très particulier était venu exercer aussi une influence sur l'école. Pendant les guerres d'indépendance de l'Allemagne, ou même dans la période de l'oppression napoléonienne, on avait appris à estimer la véritable valeur personnelle plus que la supériorité héréditaire due à la naissance. Bien des circonstances contribuèrent alors à assurer à la culture la première place parmi les avantages que pouvait posséder un homme. En même temps qu'on introduisait le service militaire obligatoire en Prusse, on assurait expressément le privilège d'un service moins long et d'un avancement rapide à ceux qui possédaient un certain degré de culture scolaire. Il faut bien se rendre compte de la noble idée qui était au fond de cette coutume et de la hardiesse idéaliste de l'innovation : plus d'affranchissement par le rachat, par les avantages de la richesse; plus d'affranchissement par la condition ou quoi que ce fût, mais un affranchissement relatif et une sorte d'anoblissement par la supériorité purement idéale de la culture. Cette mesure est une de celles qui ont fait la grandeur de l'Allemagne, et elle a été imitée peu à peu dans d'autres États, même hors de l'Allemagne.

Mais que de petits inconvénients à côté de ce grand avantage! Que de mauvaise humeur, non seulement chez ceux qui, insuffisamment doués, devaient lutter pour atteindre ce degré sous peine de se sentir comme socialement déchus, mais encore chez ceux qui avaient à cœur la véritable culture, que l'on ne peut acquérir sans liberté!

A ce premier « droit », demeuré aujourd'hui encore au premier plan, sont venus s'en ajouter d'autres qui donnent accès à certaines carrières et sont plus étendus à mesure qu'on a acquis plus de connaissances scolaires. C'est dans les tout derniers temps seulement qu'on a senti de quel poids ce système pesait sur le travail scolaire, combien il rendait pénible la vie à l'école et compromettait la recherche de la culture véritable, sans parler des soucis qu'il causait aux familles. Il est juste d'ajouter, d'ailleurs, que les soucis ne leur auraient pas été épargnés si les jeunes gens avaient dû entrer dans les diverses carrières d'une autre façon; si, par exemple, — et cela a existé dans le passé et existe encore aujourd'hui, — il avait fallu s'en remettre aux relations personnelles, aux recommandations, aux demandes réitérées ou au simple hasard. Quoi qu'il en soit, comme on l'a répété cent fois, le fait que l'étude doit à la fois procurer les avantages extérieurs de la vie et cultiver l'âme individuelle, est une des causes fondamentales du mécontentement intense qui se manifeste actuellement contre les écoles et dans leur propre sein.

Comme il était naturel, cet inconvénient s'est singulièrement accru à mesure qu'augmentait le nombre des élèves et la masse totale de la vie scolaire organisée. Mais il ne faut pas accuser seulement le grand nombre des élèves dans chaque classe, bien qu'il entraîne nécessairement une certaine mécanisation dans le traitement des élèves, dans l'enseignement et le travail. Il ne faut pas non plus accuser le nombre total des élèves d'un établissement, qui nécessite un personnel enseignant plus nombreux et compromet l'unité morale de l'établissement.

Non, ce n'est pas cela seulement; c'est aussi la capacité personnelle douteuse de nombreux élèves. Car, tandis qu'autrefois il n'y avait guère dans les classes moyennes, pour demander une culture secondaire, que les enfants prédisposés naturellement par leur capacité personnelle, aujourd'hui c'est une question de convenance sociale que de faire aller ses enfants au lycée. Dans d'innombrables familles, dont la situation est modeste, on s'impose même des sacrifices très respectables. Mais, même dans les milieux cultivés, qui, d'ailleurs, ne fournissent pas à nos écoles secondaires la majorité de leurs élèves, les enfants insuffisamment doués sont loin de faire défaut; et, si l'atmosphère du foyer cultivé a l'avantage de pouvoir être d'un grand secours, cela ne va pas non plus sans certains inconvénients.

CHAPITRE IV.

Nobles aspirations et leurs revers.

Nous avons trouvé déjà assez de raisons pour expliquer un mécontentement de plus en plus profond. C'est la destinée des choses humaines qu'après un certain temps les imperfections de détail deviennent si sensibles, s'accumulent et se condensent de telle sorte que l'ensemble en devient intolérable. On sait que, si l'on repose longtemps sur un côté du corps, il se produit un sentiment de douleur, et que l'on éprouve le besoin de se retourner. Dans la vie politique, il n'en va pas autrement : un parti, un ministère, un gouvernement, quel que soit le bien qu'il ait noblement tenté de faire ou fait, a trop duré après un certain temps; ses échecs partiels ou totaux s'additionnent, et donnent l'impression d'incapacité; les tendances opposées semblent alors promettre mieux. Ce phénomène ne doit pas empêcher un juge impartial de voir ce qui a été fait de bien, quels avantages durables sont acquis et risqueraient d'être perdus par un brusque revirement.

Les pédagogues sérieux ont réclamé de tout temps, par exemple, que l'on ne facilite pas trop l'apparition précoce de tendances ou capacités spéciales, et qu'un enfant soit astreint à étudier, même à contre-cœur, les matières qui ne lui sont pas sympathiques. Et avec raison ; car il arrive souvent que l'élève comprenne des études, s'intéresse à des matières qui lui semblaient primitivement inaccessibles, ou tout au moins antipathiques, et y réussisse. Si le « développement harmonieux de toutes les facultés » est une formule trop belle parce que trop vaste, il n'en est pas moins vrai que l'opposition et le rapprochement des sciences intellectuelles et des sciences naturelles, des langues et des mathématiques, l'appel fait à la raison et à l'imagination, l'effort pour acquérir des connaissances et des aptitudes artistiques, la culture de la forme et celle de l'idéal forment un ensemble de grande valeur, auquel il sera difficile à une sage organisation pédagogique de renoncer dans l'avenir.

Ou bien serait-il peut-être faux de croire qu'une contrainte sévère a, dans la jeunesse, une grande valeur pour la formation du caractère? Ou bien la soumission à une discipline rigoureuse — qui, sans doute, ne garantit pas à elle seule la formation du caractère et veut être largement complétée par la liberté des mouvements — ne serait-elle pas un des moyens éducatifs les plus précieux? Serait-elle, peut-être, superflue pour la majorité des élèves? Si c'est une affirmation un peu hardie et stupéfiante que de dire « que tout le réel est raisonnable », on n'en est pas moins trop volontiers disposé à déclarer absolument irraisonnable ce qui n'aurait jamais pu devenir réalité sans un point de départ rationnel. Ou bien s'imagine-t-on que les fondateurs de l'enseignement secondaire prussien, puis allemand, au dix-neuvième siècle aient été dénués d'intelligence, des esprits inférieurs, des autoritaires éhontés?

Il semble que, dans le grand public, on n'ait réellement pas aujourd'hui une autre opinion de la somme d'intelligence dépensée à ce moment; mais quiconque aura vraiment étudié la question lèvera les yeux avec respect sur les personnalités de cette époque, capitale pour nous, si cultivées et prévoyantes, même dans le domaine de l'instruction. Est-ce que la centralisation ne part pas de l'idée qu'il faut trouver le mieux et le transporter ensuite d'un point sur tous les autres? Et à cela vient s'ajouter la préoccupation d'être juste; les examens bien réglés, par exemple, et tout le contrôle ont pour but d'empêcher que les honneurs et les dignités, les considérations et les droits ne puissent être acquis avec beaucoup plus de peine par certains hommes que par d'autres.

En un mot, les défectuosités que l'on peut relever dans l'organisation actuelle ne doivent pas faire oublier son point de départ, que l'on ne peut taxer d'erroné. Il faut distinguer entre les principes de l'organisation et la réalité de la vie scolaire, telle qu'elle apparaît dans certains cas. Ceux qui critiquent du dehors, les parents des élèves, par exemple, ne font fréquemment pas du tout cette différence. On reproche à l'« école » en général ce qui ne serait vrai que d'une seule école, ou bien aux professeurs ce qui provient de l'organisation et par conséquent ne dépend nullement d'eux. Et on leur adresse, en outre, bien des reproches qui ne reposent que sur une fausse interprétation, soit des mesures prises, soit du devoir de l'éducateur.

Ceux qui sont en relations officielles avec l'école ne peuvent que difficilement se figurer combien est généralement répandue cette tendance à hocher la tête et à critiquer ce qui se passe dans nos écoles, car il ne parvient jusqu'à eux que relativement peu de chose et le plus souvent d'une façon très affaiblie. Ils se laissent même peut-être doucement bercer par les hommages que l'on rend dans les circonstances solennelles, jubilés, etc., à l'influence salutaire de l'école, au fidèle dévouement des maîtres, à la capacité pédagogique des directeurs et aux services rendus aux familles. Mais à ces belles phrases des jours de fête — phrases que l'on prononce sans trop de peine et que l'on pense peut-être sincèrement un instant — s'opposent d'autres témoignages de désapprobation et de défiance pendant les autres jours de la semaine. Sans doute, il existe bien quelques familles qui, aujourd'hui comme par le passé, apprécient la culture intellectuelle. Ce ne sont pas uniquement les moins difficiles, les plus naïvement confiantes, celles des petites gens modestes; ce sont souvent les plus cultivées de toutes. Mais, même parmi celles-ci, les dispositions sont très diverses, et, au total, les satisfaits ne forment qu'une petite minorité.

Certainement, il ne faut pas prendre dès l'abord ce fait trop à la légère. Même s'il ne s'agissait que d'un faible mécontentement très répandu, tous les mécontents devraient compter et auraient droit à être entendus. Mais ce sont des plaintes véhémentes que l'on entend le plus souvent. Elles sont sans doute d'autant plus passionnées que, d'ordinaire, on ne les émet qu'à distance et non pas en présence des hommes auxquels elles s'adressent. Une rencontre personnelle a toujours une action modératrice. On est retenu non seulement par la politesse et une certaine retenue, mais encore par la conscience des droits des autres et le sentiment du peu de solidité des appréciations personnelles. Puis, la passion s'apaise au contact du calme, ou bien, en provoquant une défense passionnée, se voit sous son vrai jour. Aussi les critiques les plus démesurées se produisent-elles toujours là où elles ne peuvent être entendues des intéressés, et deviennent encore plus démesurées quand les mécontents se réunissent; ils se complaisent alors dans une excitation réciproque. Rappelons les exemples bien connus des subordonnés critiquant leurs chefs absents ou des élèves critiquant leurs professeurs, dès que ceux-ci ont le dos tourné. Et la même remarque s'applique aux relations entre les parents d'élèves, les professeurs et les écoles de nos jours. Tout le monde est d'accord pour réclamer une action concertée de tous ceux qui sont intéressés à l'éducation et, par conséquent, une bonne entente entre eux; mais on néglige ou laisse échapper les moyens propres à la réaliser.

Il n'est pas non plus trop difficile de comprendre comment les choses en sont venues là. Cela provient en dernière analyse de l'étatisation des écoles. Les écoles cessèrent d'être des établissements d'éducation que l'on pouvait librement choisir, les maîtres cessèrent d'être des fondés de pouvoir ou des salariés des familles, et les familles cessèrent de leur côté de collaborer au plan d'éducation. Mais l'État finit aussi par ne plus rencontrer une soumission volontaire et une renonciation confiante de la part des parents. Car si c'est certainement une erreur chez les parents que de croire que leurs enfants leur appartiennent entièrement, et qu'ils ont, du moins jusqu'à leur majorité, une puissance absolue sur eux (ce qui est encore une opinion très répandue et qui correspondait peut-être à la réalité dans les civilisations primitives), il n'est pas moins vrai que la toute-puissance que la communauté organisatrice, c'est-à-dire l'État, peut s'attribuer sur les jeunes générations, risque toujours d'avoir de mauvais effets.

Assurément, dans notre civilisation actuelle, l'État n'exerce de contrainte immédiate que sur l'enseignement primaire. Mais il exerce une contrainte indirecte par les avantages que procure la fréquentation des écoles secondaires et, en outre, par l'organisation de certains types d'écoles déterminés et distincts, par l'établissement de plans d'études, par l'autorisation ou la défense d'ouvrir de nouvelles écoles et par la surveillance de tout l'enseignement.

Sans doute, la famille conserve dans tous les cas la grande tâche de l'éducation première, de l'action la plus simple et la plus profonde sur la formation de l'âme enfantine, mais elle est exclue de la plus large part de l'éducation. Et ce qu'on fait à l'école de ses enfants, cela se passe pour elle derrière des portes closes. Elle ne voit, pour ainsi dire, que les déchets de l'éducation : le travail nécessaire pour s'assimiler à la maison ce qui a été vu en classe, les difficultés qui ont subsisté ainsi que les hésitations des enfants, l'addition des fautes dans les devoirs écrits, les appréciations et notes restant bien en deçà des éloges espérés, puis les symptômes d'un sentiment de contrainte chez la jeunesse, le dégoût qui se manifeste aisément, la crainte qui apparaît souvent chez les enfants si pleins de vie et de cœur (elle atteint d'ailleurs un degré invraisemblable), les railleries et rébellions à l'adresse de la personne des professeurs, qui sont une réaction toute naturelle contre une dépendance désagréable (on la rencontre dans des circonstances semblables chez les grandes personnes aussi), et que l'inintelligence et l'exagération naturelle chez les enfants ne font que favoriser et augmenter. Ces vilains côtés ou déchets, on les voit, comme nous venons de le dire, dans la famille. Mais ils ne donnent pas une image exacte de l'enseignement, et, pris en eux-mêmes, n'en laissent deviner ni le cours ni le ton.

En se plaçant à ce point de vue, on ne peut apercevoir toutes les mesures mûrement réfléchies et intelligemment appliquées pendant les leçons. On ne voit pas que l'enseignement repose au total sur une coopération, dénuée pour tout le moins d'animosité, entre professeurs et élèves, ni que ceux-là tâchent de bien connaître la force de ceux-ci pour y adapter l'enseignement. Quiconque ne le sait pas, ou ne veut pas le croire, ne s'en rendra naturellement pas compte.

En ce qui concerne l'éducation même, les mesures prises à l'école ne produisent pas au dehors une impression plus favorable ni plus sûre. Ce qu'on en connaît le mieux, ce sont les punitions, ou de graves reproches, et peut-être des expressions un peu dures. Mais toute l'action plus secrète, le laisser faire bienveillant, l'aide encourageante et surtout la justice simple (ce qui ne signifie pas facile à exercer), tout cela, la jeunesse, ingénument insouciante et naïvement égoïste, n'en a pas conscience, et on le reconnaît encore bien moins à la maison.

Aussi bien, il en va toujours ainsi dans ce bas monde : on regarde comme tout naturel le bien qui est fait, et l'on ne laisse guère passer le mal sans le critiquer. C'est que, pour apprécier le bien, une noble maturité est nécessaire, qui ne fait pas défaut aux enfants seuls. Si l'on veut que les professeurs tolèrent avec une indifférence supérieure bien des mauvaises manières des enfants (ou bien n'en auraient-ils jamais?), il faudrait aussi que les parents s'habituent à voir dans de nombreuses appréciations défavorables portées par leurs enfants sur leurs professeurs et leurs écoles des inconvenances juvéniles, n'y prêtent pas attention et ne fondent là-dessus leur idée de la réalité. Si les professeurs savaient toutes les mauvaises suppositions ou les convictions opiniâtres qu'expriment les parents, — assez haut d'ailleurs, même si l'on ne va pas les crier, ni citer les noms sur les toits, — beaucoup d'entre eux renonceraient avec humeur à leur fonction et à leurs élèves, à leur haute mission, pour s'en aller mener quelque part une vie modeste, sans nobles devoirs, sans rôle officiel et sans ingratitude envers eux.

On entend objecter parfois que, de nos jours, on adresse de semblables critiques à toutes les autres professions, que c'est un besoin de notre génération actuelle, si irritable, un débordement de sa vivacité, un signe de son indépendance intérieure, et qu'il ne faut y voir par conséquent aucun mal. Nous dirons tout à l'heure dans quelle mesure on peut expliquer cette mentalité par l'état de notre époque et ce qu'il convient d'en penser. Nous avons déjà dit qu'en réalité on ne critique pas âprement tout d'une façon égale; c'est déjà un premier point.

Mais que cette défiance non dissimulée, l'hostilité plus ou moins nette contre l'école et les professeurs, tels qu'ils sont ou tels qu'on les représente, doivent avoir une action funeste sur l'attitude de la jeunesse à l'égard de l'école et des professeurs, cela personne ne le contestera. Nos propres sentiments dépendent presque toujours de ceux de notre entourage, de même que nos antipathies et sympathies. Chez la jeunesse, comme chez le peuple, cette dépendance est encore bien plus grande. Et de même notre appréciation des choses ou de leurs avantages dépend, en une large mesure, des dispositions dans lesquelles nous les abordons. Ce qui se passe dans la vie scolaire peut, en soi, sembler lourd ou léger, ce qui est incommode peut paraître intolérable si l'on est dans une disposition d'hostilité impatiente. Presque toujours la jeunesse a vu dans l'école, avec ses maîtres et surveillants, une puissance ennemie de son besoin naturel de vie, et ce serait faire preuve d'inintelligence et d'injustice que de lui en vouloir : les obstacles, qu'ils proviennent des choses, des institutions ou des hommes, font toujours l'impression d'une sorte d'hostilité. Mais lorsque cet obstacle ou cette contrainte, cette limitation et cette action inverse, sont aux yeux des adultes quelque chose de nécessaire, de naturel et de précieux pour la jeunesse, cette jeunesse, intérieurement si souple, s'en accommode sans peine.

Mais les choses en sont arrivées au point que les parents s'accordent avec leurs fils et leurs filles (avec leurs fils encore plus qu'avec leurs filles), pour voir dans l'école la grande puissance ennemie de leur existence heureuse, une manière de mauvais destin, qu'il faut combattre et redouter surtout, qui vous arrache des pleurs ou fait grincer les dents, qui se plante, large et impudent, au milieu de votre chemin, si bien qu'on ne peut plus passer qu'à grand'peine par des fourches étroites. Et c'est ainsi qu'on considère tout échec comme un effet de cette terrible puissance ennemie, mais qu'on ne lui sait aucune reconnaissance des succès.

Peu de parents contesteront certainement qu'il en soit ainsi. Et l'on ne peut trouver incompréhensible cette opinion, si regrettable soit-elle. L'autorité officielle s'est réservé, comme nous l'avons dit déjà, tant de droits et de toute-puissance, que les parents se sentent au fond exclus. D'intéressés actifs, ils sont devenus passifs. La plupart des familles ont perdu aussi tout intérêt pour la tâche essentielle qui leur reste, c'est-à-dire pour la formation de l'âme des enfants. La séparation entre les droits et les devoirs des parents et ceux de l'école se laisse sans doute mettre en belles formules, mais un partage si absolu entraîne facilement la mort de l'une des parties. Le dix-neuvième siècle l'emporte énormément sur les précédents en tout ce qui touche l'organisation pédagogique et aussi, pour l'indiquer ici déjà, en ce qui touche la science pédagogique. Cela n'empêche pas que l'intérêt pédagogique des familles a considérablement diminué.

Si, à l'heure actuelle, il semble se réveiller à nouveau, c'est essentiellement sous forme de mécontentement et de doute, de plaintes et d'attaques, ou bien encore d'idées inconscientes, de projets fantaisistes, de conceptions étroites et de souhaits impossibles à réaliser. Nous ne voulons pas trancher la question de savoir si « tout comprendre, c'est tout pardonner ». Mais c'est assurément un devoir que d'essayer de comprendre le mieux possible toute la question, avant de rejeter ou condamner, avant de donner raison ou tort à l'un ou l'autre des adversaires. Mais ce devoir peu d'hommes le discernent et bien peu aussi sont en mesure de le remplir.

CHAPITRE V.

Critiques les plus répandues.

Si l'on examine de près les idées exprimées dans tout ce que l'on dit sur la vie scolaire et le fonctionnement de l'enseignement, on s'aperçoit que bien souvent il s'y mêle des conceptions tout à fait défectueuses de la nature de l'enseignement et de l'étude. On se fait notamment une idée fausse du rôle des devoirs faits à la maison et de la valeur éducative des choses que les élèves apprennent. Mais nous n'insistons pas ici.

Nous nous arrêtons seulement sur une croyance très répandue. On s'imagine que l'enseignement est devenu purement mécanique, que les maîtres ne font que suivre, de façon subalterne, des habitudes traditionnelles, qu'ils ne tiennent pas compte des dispositions individuelles et laissent par conséquent régner une douce routine là où de fines différences et la souplesse seraient naturellement désirables. Et de là il n'y a pas loin, dit-on, jusqu'à la grossière inintelligence qui se manifeste dans le choix des sujets, dans la qualité des devoirs donnés, dans la nécessité où l'on met les élèves de s'assimiler des choses incompréhensibles ou même impossibles.

A cela s'ajoutent, dit-on encore, la mesquinerie professionnelle, héréditaire et blâmable, envers la jeunesse imparfaite, la pédanterie ridicule ou tout au moins superflue, la joie de découvrir des fautes ou des défauts, la sévérité injuste et continue, le déplaisir grognon à reconnaître les qualités, la joie à blâmer et punir, un état d'âme foncièrement maussade ou haineux, la sécheresse de cœur, l'inintelligence de la jeunesse, l'autoritarisme, la méfiance et l'obstination, le besoin inutile d'angoisser les jeunes âmes, et de les surmener par humeur tyrannique ou du moins par indifférence, et — ce dont surtout les hautes classes sociales se plaignent — une grande incorrection de ton et de langage.

Les différents états ou classes ont d'ailleurs leurs plaintes particulières : les riches croient volontiers que leurs enfants sont maltraités par jalousie; les pauvres croient que les leurs le sont par dédain; les adhérents de tel parti ou de telle religion estiment qu'on fait sentir à leurs enfants telles ou telles conséquences de leur adhésion.

On essaierait vainement aussi d'enlever aux parents cette idée que les professeurs ont des préférences ou de l'aversion pour certains élèves, ou bien que les professeurs ne pardonnent jamais des manquements à leur autorité, qu'ils font preuve d'une rancune opiniâtre et d'une grossière partialité. Quiconque essaie de mettre cette idée en doute ou de la réfuter, se heurte à ce sourire de supériorité qu'ont tous les illuminés lorsqu'on essaie de les désabuser.

On pense tout au moins que les jugements des maîtres se fondent sur des impressions accidentelles ou isolées, que leur façon d'apprécier est tout extérieure, et qu'ils reconnaissent avec peine une amélioration chez les anciens faibles ou le labeur des moins bien doués. On est, en outre, persuadé presque généralement que les exigences croissent d'année en année, que les examens deviennent toujours plus difficiles, soit parce que l'on veut détourner les enfants des écoles, soit parce que les professeurs s'enfoncent plus avant dans la science, soit même parce qu'ils deviennent moins intelligents, plus cruels et plus méchants. Nous ne parlerons pas en ce moment des critiques visant les plans d'études eux-mêmes : on sait qu'une grande partie du public y trouve beaucoup d'absurdités, ou tout au moins beaucoup de choses surannées, peu pratiques, superflues et arbitraires.

Mais les milieux où l'on a sur les professeurs les idées les plus défavorables, sont ceux où le sentiment moral manque de délicatesse. On leur reproche de se venger méchamment de différends personnels, de faire échouer les candidats par rancune personnelle ou antipathie opiniâtre, par toute espèce d'autres actes d'arbitraire, par autoritarisme et par sécheresse de cœur. Dans une région industrielle, on a vu souvent qu'un père est venu trouver un professeur pour lui demander des leçons particulières pour son fils, car en l'informant des progrès insuffisants de son fils, le professeur avait évidemment voulu indiquer qu'elles étaient nécessaires. Dans ce cas, le père estimait, jugeant par son propre métier, que le professeur, ayant le désir ou le besoin de gagner de l'argent, avait employé un moyen qui lui était facile, afin d'obtenir un résultat commercial. Dans ces milieux, c'était (ou c'est) une conviction enracinée que les riches doivent être à cet égard fortement mis à contribution. Il n'est pas toujours facile de passer tranquillement sur des idées aussi grossières, en reprochant l'infériorité morale à l'autre partie. Mais ne nous arrêtons pas sur ces détails et d'autres semblables.

Le reproche de pédanterie est un de ceux que l'on fera toujours aux professeurs, surtout si, dans sa propre sphère, on n'a rien à se reprocher qui ressemble de loin à la pédanterie et si, dans l'éducation des enfants, on plane noblement au-dessus des principes, pour se laisser emporter par ses impulsions et ses humeurs tantôt dans un sens, tantôt dans l'autre. On appelle alors pédanterie toute habitude ferme et régulière de s'en tenir à des règles fixes, ou encore de ne pas négliger les petites choses à côté des grandes. Eh bien ! si on l'entend ainsi, un peu de pédanterie fait nécessairement partie de l'éducation, surtout de l'éducation des enfants à l'âge où ils vont à l'école. Ce que des éducateurs naïfs peuvent prendre pour des procédés généreux ou pour une liberté naturelle, produirait chez les élèves de la légèreté et de la superficialité. L'enfant a besoin d'apprendre à être sûr dans les petites choses, sans quoi il ne le deviendra pas aisément plus tard dans les grandes. Pendant la jeunesse, on a beaucoup ou même exclusivement affaire aux petites choses. Mais déjà les Grecs ont dit à maintes reprises que ce qui, pendant la première période de la vie, semble de peu de poids, peut, par sa signification, être en fait quelque chose de grand.

Mais c'est surtout l'éducation en commun de nombreux élèves dans nos écoles qui entraîne nécessairement une certaine raideur des formes. Les règlements ne peuvent pas avoir ici la même élasticité que dans un cercle composé de peu de personnes, plus étroit et plus intime. De plus, sans une grande précision dans le détail, on obtiendrait difficilement cette éducation de l'intellect qui, après tout, fait partie, comme élément ou comme fondement, de toute éducation supérieure. Tous ceux qui jetteraient un regard sur la science véritable, trouveraient sans doute là aussi bien des choses qui se rapprochent beaucoup de ce qu'on nomme pédanterie. Mais cela a nom, dans ce cas, méthode scientifique et jouit en cette qualité d'un grand respect. Et quoique le but de l'éducation de la jeunesse ne doive pas être précisément de se rapprocher autant que possible de la recherche scientifique rigoureuse (ce qui ne *peut* être que *l'un* des buts à côté des autres), il n'en est pas moins vrai que notre comparaison garde toute sa valeur. Ce que l'on appelle dédaigneusement pédanterie peut donc être quelque chose de bon et de nécessaire.

En ce qui touche ces choses incompréhensibles qu'on prétend, dit-on, obliger la jeunesse à s'assimiler, il faudrait en fait avoir assisté à la classe soi-même, pour juger du soin que le professeur a mis à expliquer le sujet, dans quelle mesure il a réussi vis-à-vis de toute la classe, et comment ce qui semble étrange est très naturellement sorti de l'ensemble de l'enseignement. Pour certaines matières, ce n'est pas le professeur qui est responsable, si elles ne peuvent être comprises qu'imparfaitement. Est-ce que tel professeur ou telle école auraient jusqu'à présent la liberté de faire, à leur gré, certaines suppressions ou certaines retouches? Ils ne renonceront sans doute jamais entièrement à ce droit, mais ne peuvent l'exercer que dans des limites restreintes.

Et si l'on se plaint que les tâches à faire à la maison soient trop lourdes, il faut faire remarquer tout de suite que la quantité en a graduellement diminué alors que les plaintes ont extraordinairement augmenté. Il se peut, sans doute, que les générations antérieures aient été tout à fait inintelligentes ou prisonnières d'une fausse tradition, et que les générations présentes soient plus éclairées et comprennent mieux la jeunesse; et nous devons bien admettre en partie la réalité de ces faits. Mais si les tâches à la maison pèsent si lourdement, il y a à cela bien d'autres raisons que leur longueur ou leur difficulté. Ce sont l'incapacité d'un grand nombre d'élèves et de défectueuses organisations matérielles et morales dans les familles. En tout cas, on rencontre toujours des familles où l'on n'éprouve point d'ennui de ce genre, et il se trouve que ce sont celles où l'on découvre le plus de sérieux, de culture et d'ordre.

C'est aussi une opinion erronée que de croire que le travail fait à la maison après ou avant la classe pourrait être supprimé, que c'est pendant la classe qu'il faudrait apprendre et que l'on devrait à la maison se contenter d'une besogne facile comme de copier, répéter, etc.

A côté de ce qui s'apprend en classe par le travail en commun avec des professeurs et des camarades, il doit exister un autre travail que chaque élève accomplit pour lui-même. C'est à ce moment que commence véritablement le travail personnel, alors que celui de l'école, où l'on est comme porté à demi, fait naître beaucoup d'illusions sur la force et les capacités réelles. Cette remarque est naturellement bien plus vraie pour les hautes classes que pour les petites, mais elle est vraie même pour ces dernières. Et de simples revisions, ce à quoi on voudrait voir réduire le travail à la maison, ont précisément l'inconvénient d'exercer le moins d'attrait possible : la jeunesse ne les aime pas, et à juste raison, étant donné son besoin d'exercer ses propres forces. A une époque où l'on prône si fort le développement individuel (nous reviendrons là-dessus plus loin), il ne faut vraiment pas interdire le travail personnel.

Il serait tout à fait inexact de prétendre qu'en imposant du travail à la maison, les professeurs s'épargnent une partie — et peut-être la plus lourde — de l'enseignement pour la rejeter sur les élèves, et que la classe se passe essentiellement à faire dire ce que les élèves ont appris ou trouvé.

Il en fut à peu près ainsi il y a bien longtemps. Mais, même à cette époque, on n'agissait pas ainsi par indolence ou dureté : on ne possédait que des notions psychologiques insuffisantes, et un art d'enseigner trop primitif. Mais on a progressé, bien au delà de ce stade, par un perfectionnement long et ininterrompu. En Allemagne plus qu'ailleurs, où il est resté encore assez de traces de ce vieux procédé, sans que d'ailleurs l'opinion publique s'en soit formalisée, il s'est produit tout au plus ceci que les hommes les plus compétents de tous les pays ont toujours tourné avec modestie ou envie leurs regards vers l'Allemagne, comme le pays le plus avancé dans l'art d'enseigner, et que des professeurs débutants ou âgés sont venus de tous côtés chez nous pour voir et pour apprendre[1].

1. Les faits avancés par M. Münch sont exacts. Cette réputation de l'Allemagne pédagogique fut très répandue, même en France, et plus d'un professeur alla s'y instruire. Il fau-

Quoi qu'il en soit, nous parlerons plus loin de tout ce qui chez nous est resté contestable ou l'est devenu au cours des temps.

drait cependant ajouter que plus d'un, en France comme ailleurs, est revenu sans avoir tout admiré et que l'étoile allemande a un peu pâli ces dernières années. (*Note du traducteur.*)

CHAPITRE VI.

Améliorations réelles dans la vie scolaire.

Certainement, tous ceux qui ne sont pas de la partie ne soupçonnent pas quelle somme de réflexion incessante, de recherche, d'invention, de discussion sur les buts et les moyens, dans l'ensemble comme sur des points particuliers, est dépensée constamment. Et cela dure depuis des années avec une ardeur croissante et toujours plus générale dans des revues, des livres originaux, des sociétés et des réunions tout comme dans le silence des cabinets de travail. Le professionnel isolé se plaint, lui, de ne pouvoir plus embrasser ni suivre tout ce qui le concerne. Au dehors, on devrait avoir quelque respect pour la quantité de sérieux et de zèle que renferme cette littérature didactique et méthodique. Quelle autre profession pourrait rivaliser avec elle?

Aussi bien — et c'est le point important — ces recherches et réflexions ne tendent pas à augmenter ou rendre plus difficile le travail des élèves, mais au contraire à l'alléger et à le simplifier. On revient sans cesse sur le rapport entre les sciences existantes et les besoins réels de la jeunesse. Et l'on insiste de plus en plus sur le rôle capital de ce dernier facteur. Quiconque se donnerait la peine de regarder et comparer serait obligé d'avouer que l'on connaît beaucoup mieux que dans un passé pas encore très lointain la nature de l'esprit et de l'âme juvéniles, et qu'on les traite avec une bienveillance beaucoup plus grande.

Arrêtons-nous un instant sur cette simplification et cette amélioration. Eh bien! que l'on compare seulement ce qu'était il y a quarante ans environ l'enseignement de l'histoire et ce qu'il est aujourd'hui, ou bien celui de la géographie ou des sciences naturelles! On peut se plaindre aujourd'hui de la quantité de dates, de faits et de noms qu'on exige que les enfants sachent, comme si c'était un fardeau arbitrairement imposé, sans valeur éducative et sans nécessité; n'empêche qu'en réalité, on a fait au cours des siècles suppression sur suppression et que déjà, parmi les gens « cultivés », on constate une ignorance assez pitoyable des hommes, des événements, des époques, qui marquent cependant le point de départ de l'organisation actuelle du monde et de notre civilisation contemporaine.

Le savoir pour le savoir même, — chose qui plaisait tant aux siècles passés et leur semblait une haute distinction personnelle, une sorte de noblesse, — on ne l'a pas moins combattu dans les milieux pédagogiques que dans les milieux plus vastes des gens aux idées indépendantes; mais vouloir renoncer à tout savoir précis, cela conduirait à bref délai à une grande réaction. Sans ce savoir précis, il n'est pas possible de comprendre réellement le présent, ni de se former un jugement motivé, sans parler même du savoir élémentaire qu'on doit acquérir pendant la jeunesse comme base future d'un savoir scientifique supérieur, dont la pratique contribue pour une bonne part à donner à notre nation sa réputation et ses succès.

Cela est vrai naturellement d'autres matières que de l'histoire, dont il se trouve qu'on se plaint le plus souvent, le plus souvent peut-être chez les mamans et les membres de la famille qui, de leur côté, ne se sont jamais livrés à une occupation intellectuelle soutenue, et qui ont coutume, en toute naïveté et confiance, de juger et de trancher les choses de ce monde selon leurs sentiments du moment. Combien l'enseignement de la géographie s'est-il amélioré pendant la même période (bien qu'il ne satisfasse toujours pas les spécialistes en cette matière)! Au lieu de chiffres arides et de curiosités insignifiantes, on essaie de faire le plus possible voir les choses, et comprendre les phénomènes et leurs rapports entre eux. De même pour les sciences naturelles et autres. Partout on part de la vue des choses, on se sert de tableaux et autres moyens, on se limite à ce qui est typique, on s'efforce de faire comprendre, d'éveiller l'intérêt, de charger le moins possible la mémoire.

De même encore, dans l'enseignement des langues, nous voyons diminution aussi grande que possible des règles, qu'il fallait autrefois apprendre au complet et en détail avec toutes les exceptions, même les plus rares, dès les premiers stades de l'enseignement; puis on apporte aux élèves une aide constante pendant la lecture des écrivains, avant et au moment même, une aide personnelle et littéraire, alors qu'autrefois le jeune élève était lié à son auteur, et sommé tout simplement de déchiffrer et de posséder le texte non expliqué. De même on lui dictait un sujet de devoir et on lui laissait tirer de sa cervelle, encore assez vide, la matière et la forme de l'exécution, tandis qu'à présent on y prend garde et on tâche soigneusement que la matière soit vraiment en sa possession, et que pour la forme on lui fournit les modèles et les conseils. Et l'on pourrait multiplier les exemples.

Le temps que les réunions de professeurs consacrent à discuter et étudier les questions d'enseignement a considérablement augmenté, tout comme celui qu'on exige pour une préparation régulière et soigneuse de chaque heure de classe.

A tout cela s'ajoute, tout comme par le passé, le travail extraordinairement difficile et pénible de la correction des devoirs des élèves, que l'on exige et que l'on fait avec une précision absolue, bien que presque partout le nombre des élèves ait beaucoup augmenté. Ce dernier travail, auquel les autres professions libérales pourraient difficilement opposer quelque chose d'aussi pesant et fatigant, qui précisément pour des natures intellectuelles représente une grande diminution de liberté et de joie de vivre, parfois même une sorte de martyre, et qui ne peut s'appuyer que sur des principes de conscience et de justice (envers les divers élèves), devrait à lui seul empêcher que l'on jugeât à la légère les représentants de cette profession, si le respect dans ce bas monde ne se fondait sur d'autres avantages que le travail dans le silence. Comment la jeunesse aurait-elle du respect pour ceux que ne respectent pas leurs parents? Comment aurait-elle du goût à l'étude, quand les adultes de leur entourage conçoivent une telle méfiance envers la valeur et l'utilité des matières étudiées et, en général, de tout ce qu'on exige des enfants?

De fait, on donne actuellement à la jeunesse une mentalité qu'elle ne devrait pas avoir. Des médecins neurologues sérieux ont dit que ce sont les plaintes des adultes au sujet du lourd surmenage de la jeunesse, leur mol attendrissement pour la vie pénible de celle-ci, qui ont bel et bien donné aux enfants le sentiment du surmenage et de l'oppression.

Et si l'on veut voir et dire la vérité, on a

presque partout conservé l'habitude, comme par le passé, de considérer comme socialement inférieure la classe des professeurs, à tous ses degrés, ainsi que chacun de ses membres. Comme par le passé, ai-je dit, car cette idée vient des temps anciens, où ceux qui n'étaient pas encore parvenus aux dignités, ou n'étaient pas jugés aptes à la carrière supérieure de la théologie, trouvaient un misérable refuge dans une place de pédagogue. Elle vient des temps plus anciens encore, où les humanistes avec tout leur savoir se frayaient souvent leur chemin à travers la vie comme professeurs errants et mendiants, tandis qu'au Moyen âge les professeurs étaient des clercs et tenaient justement leur considération de leur caractère ecclésiastique. Il en va de même pour les écoles catholiques ou même pour les écoles anglaises contemporaines. Chez nous, cette condition ancienne des professeurs, même de l'enseignement supérieur, continue à faire sentir ses effets. Les classes qui jouissent d'une considération héréditaire ne permettent pas aisément à une autre de s'élever.

Il faut dire aussi que le travail qui consiste à dégrossir de jeunes enfants n'a, vu du dehors, rien de distingué. Et cet état d'esprit avec lequel le monde regarde les professeurs est en relation étroite avec la position que prend la jeunesse à leur égard et l'estime qu'elle a d'eux. Les professeurs et l'école sont aux yeux d'une grande partie de notre population un mal malheureusement nécessaire. Et la plupart des choses que, par devoir pédagogique, ils exigent des élèves passent également, aux yeux des familles comme des élèves eux-mêmes, pour un autre mal.

D'ailleurs, lorsque les familles réclament qu'on applique à chaque élève un traitement spécial dans le sens et au degré où de nombreux parents le demandent et l'exigent actuellement (surtout des parents trop doux, et pour des enfants dont l'individualité ne s'est développée que trop dans le cercle familial par suite de maladresse, d'indifférence ou d'amour mal compris), cette revendication est irréalisable dans notre vie scolaire. Si elle l'était trop aisément, il n'est pas certain que ce fût pour le bien des enfants. Car la tâche de l'éducation, comme, au sens plus large, de l'éducation de soi-même, consiste à la fois à développer et à effacer la nature individuelle, à développer le plus possible les bons côtés et à atténuer les mauvais, et cette seconde partie est, dans tout individu, aussi possible et essentielle que la première.

Le monde n'admet cela que dans un seul domaine : celui des formes de la société, du ton dans les relations, du langage, etc. Là, on efface avec grand soin ce qui est individuel, et l'on va très loin, beaucoup trop loin même. Et pourtant, il est d'une importance bien autrement grande que le jeune individu prenne sa place dans une vie en commun, pareille pour tous, avec des règles et des devoirs également obligatoires pour tous. Cette vie, il la trouve à l'école qui est une préparation à la vie dans l'État, et qui est aussi un moyen préventif contre le débordement de toutes sortes de prétentions égoïstes et contre l'incapacité à se borner soi-même. Sans aucun doute, ce n'est pas dans cette réaction que réside ce que l'éducation a d'essentiel et de plus précieux. Mais elle en est une partie et devra le rester. La démarcation souhaitable est infiniment difficile à faire et nous dirons tout de suite que sur ce point nous sommes loin encore de la perfection. Nous aurons occasion d'y revenir plus loin.

Au total, celui qui juge impartialement et en connaissance de cause, peut dire avec assurance ceci, et on voudra bien ne pas lui refuser dès l'abord toute créance : le corps des professeurs de l'enseignement secondaire, en ce qui concerne sa capacité professionnelle, c'est-à-dire non seulement celle de tel ou tel maître, mais encore la conception intelligente de la tâche de tous à l'égard de la civilisation et de la jeunesse, est resté constamment en progrès. Il est impossible de soutenir que leur manière de faire soit devenue plus grossière ou que leur sentiment professionnel se soit endurci. Le développement intérieur des écoles ou de la vie scolaire n'est pas resté en arrière du perfectionnement extérieur, même s'il n'y a pas autant de différence qu'entre les palais scolaires les plus modernes et les salles, genre prison, des anciennes écoles même les plus célèbres. Car il n'est pas toujours vrai que « les choses dans l'espace » occasionnent plus de difficulté que « les idées » dans les cerveaux [1].

Toujours l'organisation intérieure reste loin de la perfection que l'organisation matérielle peut atteindre.

1. Allusion à un vers du poète Schiller : « Les conceptions s'organisent aisément dans la pensée, mais les choses se heurtent durement dans l'espace. » (*Note du traducteur*)

CHAPITRE VII.

Imperfections indéniables.

Aussi tous les détails dignes d'approbation que nous avons signalés dans ce qui précède ne représentent qu'une partie de l'ensemble. Malgré tous les perfectionnements, on peut être resté encore bien loin de la perfection, ou bien la ligne suivant laquelle on se perfectionne peut être mal choisie ou d'importance secondaire. Enfin, comme nous l'avons déjà dit, les meilleures choses ont souvent leur revers. Les fondateurs de notre enseignement secondaire actuel furent guidés certainement par des considérations idéales; n'empêche que des défauts incontestables déparent leur ouvrage.

Il est d'ailleurs fort difficile de dire jusqu'où va la lumière et jusqu'où s'étend l'ombre, car, malgré l'effort fait pour prescrire depuis le centre certains principes généraux, les diverses écoles ont un esprit et une valeur d'une inégalité considérable. Il y en a certainement qui méritent le mécontentement qu'elles ont soulevé, et d'autres dont on ne se plaint qu'à grand tort. La diversité à jamais inévitable des forces et des idées humaines, et la diversité si importante des circonstances extérieures font que cette inégalité de valeur persiste. Cela se comprend de soi-même, mais il faut le répéter sans cesse pour prévenir les généralisations hâtives si chères à tant de tempéraments. Assurément, lorsque les mêmes plaintes retentissent sur beaucoup de points divers à la fois, il n'est plus guère permis de parler de généralisation hâtive.

Mais quelles sont les conséquences fâcheuses, réelles et naturelles, de l'organisation de nos écoles? Toute réglementation fixe, appliquée à un tout composé de beaucoup d'organismes divers, a facilement pour conséquence une vie un peu mécanique. Lorsqu'on perd la liberté des mouvements et le droit à l'initiative, c'est une partie de la vitalité qui s'en va, et l'on risque toujours un peu de paralysie. D'autre part, l'accroissement du nombre des élèves, surtout dans ces dernières années, a dû également agir dans le même sens. Les fortes classes, qui autrefois étaient l'exception, sont devenues la règle. Nos classes comptent autant d'élèves qu'il est possible, et les établissements énormes à classes doubles ou triples sont tout à fait courants. Or, plus l'école est grande, plus il devient nécessaire qu'une seule volonté personnelle la maintienne et la dirige, et plus aussi la liberté individuelle est réduite. Et dans l'ensemble du pays aussi, plus les écoles deviennent nombreuses, plus vif devient le besoin d'empêcher par une réglementation obligatoire une trop grande variété. Il n'est facile d'accorder une administration autonome que là où l'on peut embrasser sans peine, d'un coup d'œil, tout le territoire et le surveiller avec facilité.

De plus, les perfectionnements didactiques qui, inventés par quelques penseurs, furent appliqués par de nombreux imitateurs, ont fait que certains de ceux-ci ont pratiqué de façon un peu mécanique l'exercice de leur profession. Car les inventions qu'on ne fait ni n'applique soi-même n'atteignent pas aisément un degré éminent de vie. Il ne faut pas confondre ce « mécanisme » dont nous parlons avec un autre qui est le résultat du laisser aller et de l'inintelligence, qui par conséquent est une véritable faute de la part des intéressés; mais il faut, néanmoins, le regretter.

Et même ce que l'on est obligé d'appeler — et d'estimer — la virtuosité de l'enseignement, ne va pas toujours sans inconvénients. Si l'on accapare trop pleinement les jeunes esprits, si l'on exige d'eux une attention trop absolue, si l'on maintient sans interruption l'allure accélérée, en un mot tout ce qui caractérise la virtuosité de l'enseignement, il se produit à la longue une forte fatigue. Si toutes les classes sont faites avec la même énergie et exigent des élèves la même attention, on tombe d'autant plus facilement dans la lassitude et l'hébétement. Il se peut sans doute que des classes molles et sans intérêt, comme il en existera toujours, aboutissent au même résultat; mais ce n'est pas une excuse. Il faut d'ailleurs bien comprendre que dans une *grande* communauté on ne peut éveiller l'attention de chacun d'une manière directe et personnelle, car nous savons de reste que l'on ne peut exercer une influence déterminée sur de nombreuses personnes aussi facilement que sur quelques-unes. Il faut donc, dans des classes très nombreuses plus que dans celles qui le sont moins, soutenir l'attention par des moyens extérieurs.

En outre, le but à atteindre en une année, le *pensum* obligatoire, est fixé aux maîtres d'une façon beaucoup plus précise qu'autrefois, et cela non seulement dans quelques disciplines privilégiées, mais aussi dans des enseignements jadis accessoires auxquels on n'attachait pas une grande importance. Cela aussi contribue à accélérer la marche de l'enseignement. Il est bien rare que l'on puisse considérer une partie des classes journalières comme heures de repos, d'ennui inoffensif ou de rêverie et d'expansion exubérante. L'insertion des heures de gymnastique dans l'emploi du temps n'a pas apporté le contrepoids que l'on espérait. Bien souvent on n'y voit qu'une augmentation des heures de classe et, celles-ci étant faites avec une tension toujours plus grande, la fatigue générale n'en est guère diminuée. On s'est aperçu en effet depuis longtemps qu'il était faux de croire que des exercices corporels énergiques pouvaient contrebalancer la fatigue intellectuelle, même sans vouloir parler des circonstances matérielles, qui souvent enlèvent aux exercices faits dans les salles de gymnastique toute valeur hygiénique.

De même la mesure qui consiste à grouper de plus en plus les heures de classe est d'un effet très mêlé. Si agréable qu'il soit de disposer entièrement des soirées, la série des classes dans la matinée est trop longue pour beaucoup d'enfants, la tension et la fatigue trop grandes, et il n'est possible d'assurer l'attention que par une excitation artificielle de la volonté. Que les profanes et même les médecins prétendent que l'enseignement de l'après-midi est sans valeur et sans fruits, il était, surtout pour les jeunes enfants, beaucoup plus naturel que cette série trop longue des heures du matin, qui se terminent souvent par des maux de tête, des malaises et autres symptômes analogues[1]. Assurément, il faut tenir compte de la croissance des villes et, partant, de la longueur moyenne toujours plus grande des chemins à faire, et il n'est point facile de revenir à l'ancienne orga-

1. Dans les établissements secondaires allemands, les classes ont en général lieu de 8 heures à 12 heures (ou parfois 1 h.) en hiver et de 7 à 11 (ou parfois 12) en été. L'après-midi reste libre assez souvent, ou bien les élèves reviennent une heure ou deux pour des classes de dessin, de chant, etc. (*Note du traducteur.*)

nisation. Et il semble que les difficultés, les imperfections subsisteront et ne feront qu'empirer.

Mais ce n'est pas seulement sur les conditions extérieures, comme les distances, qu'agit pernicieusement ce caractère de « grande ville » qui se répand de plus en plus. Toute l'excitation, toute la distraction, tout l'hébétement qu'entraîne la vie moderne place la jeunesse dans une situation très défavorable aux fins de l'instruction et de l'éducation. Le résultat le plus frappant, en effet, de la surexcitation nerveuse de cette vie est d'éloigner de la nature, de la simplicité, du silence et du calme, dont la jeunesse a un besoin pressant pour se développer. Et ce mal est non seulement un effet immédiat de la vie actuelle sur les enfants, mais il est encore accru et occasionné par l'hérédité de parents nerveux, des mères comme des pères, surtout lorsque ceux-ci contractent trop tard leur mariage. C'est ainsi que l'on entend des pères s'indigner de tout ce que la funeste école exige de leur fils, alors qu'ils leur ont transmis eux-mêmes, les anciens viveurs, l'héritage le plus défavorable. Aussi bien la diminution de la puissance nerveuse générale dans les générations présentes ne fait aucun doute pour un observateur expérimenté. En même temps que les progrès, si fêtés, de la civilisation, apparaissent des inconvénients, dont celui qui nous occupe n'est pas un des moindres. Peut-être que les générations futures s'adapteront aux nouvelles conditions de la vie et que la nôtre n'est qu'une génération de transition avec toutes ses difficultés. Mais, pour nous, ces difficultés sont là.

Il se peut aussi que, malgré toutes les améliorations d'hygiène des écoles, le progrès total ne soit, à ce point de vue, pas encore satisfaisant. On rencontre souvent encore des salles surchauffées ou inégalement chauffées, une aération mal réglée (le caprice personnel n'y est souvent pas étranger ou bien des habitudes personnelles très arriérées). On permet souvent, même dans les villes les plus fières, l'existence ou la construction d'établissements secondaires où les cours trop petites ne permettent pas à la jeunesse de s'y ébattre réellement pendant les récréations: les élèves peuvent tout au plus s'y promener deux par deux, silencieux et apprivoisés, à peu près comme les prisonniers dans la petite cour de la prison où la sentinelle devant sa guérite.

Peut-être est-on même, pédagogiquement, assez arriéré pour louer ces mouvements limités comme une preuve de bonne éducation, et voir dans le contraire une grossièreté villageoise. Sur ce point, pour ne pas parler de l'Angleterre, nous avons été dépassés par la France, qui fut toujours cependant le modèle de la bonne éducation pour toute l'Europe. Nous possédons aussi moins de préaux couverts, indispensables cependant pour que les élèves puissent s'y remuer pendant les jours pluvieux. Et pourtant, de tels préaux ont été réclamés voici trois ou quatre cents ans par des écrivains pédagogiques clairvoyants, faisant remarquer qu'il était nécessaire de trouver pour les jeunes recrues intellectuelles d'aujourd'hui l'équivalent de ce que les moines offraient dans les allées des cloîtres à leurs novices et à leurs élèves.

Et ce mot de recrues intellectuelles nous amène sur un autre terrain. Dans ces détails extérieurs nous constatons la survivance de notions et habitudes de temps anciens. Mais il y a quelque chose de bien plus important. C'est ce fait que l'école conçoit et exécute en général sa tâche d'éducation de la jeunesse d'une manière essentiellement et trop nettement intellectuelle. C'est aussi ce fait que l'on croit devoir maintenir trop les élèves dans une attitude passive, qu'on se contente trop et trop longtemps d'une simple activité réceptive ou peut-être reproductive, et que par conséquent on accorde trop de place à la transmission d'un certain bagage de civilisation par rapport au développement des forces individuelles. Et, comme l'ont dit souvent de nos jours des penseurs originaux, les parents et les élèves, tout en étant loin de se rendre clairement compte de ces inconvénients, les sentent obscurément.

Déjà, au déclin de l'antiquité, l'effort éducatif est devenu essentiellement intellectuel. Plus tard, dans les écoles du Moyen âge, avec les humanistes, puis dans celles du dix-huitième siècle, on accorda (bien qu'avec des nuances selon les époques et les milieux) au travail intellectuel et à la culture intellectuelle beaucoup trop d'importance dans la culture générale de l'homme. Nos écoles humanistes modernes, qui, en principe, tiennent à saisir et développer la totalité de l'homme, ont été entraînées dans la même voie. C'est à peine si des écoles à tendance plus moderne, les écoles réales[1], ont échappé au destin de l'imitation. École et philologie, philologie et analyse, hélas! on s'est aperçu qu'elles étaient reliées par un lien trop étroit. Et lorsqu'à la poésie antique, seule prônée autrefois, vint s'ajouter celle de nos propres poètes, et qu'elle fut considérée sérieusement comme un noble élément de culture, ce sérieux s'est manifesté de plus en plus sous forme d'une étude analytique de ces poésies.

Les protestations qui maintenant s'élèvent de toutes parts contiennent beaucoup d'exagérations et de revendications erronées ou impossibles, mais le sentiment qui les fit naître est compréhensible et justifié. On interprète, commente, analyse beaucoup trop pour que le plaisir de jouir des chefs-d'œuvre eux-mêmes puisse être assuré. Du moins ce procédé ne satisfait que certaines natures d'élèves, ceux qui dans la suite deviendront des philologues et des commentateurs, ou des juristes coupeurs de difficultés en quatre, ou autre chose de ce genre. La raison de cette erreur,

1. C'est-à-dire les écoles qui, dans nos lycées français actuels, correspondraient à la section sciences-langues vivantes. (*Note du traducteur.*)

c'est de nouveau le zèle des professeurs qui voulaient toujours prendre leur tâche plus à cœur et l'exécuter plus convenablement, tout en restant d'ailleurs dans le chemin sur lequel on les avait mis eux-mêmes.

CHAPITRE VIII.

Vastes revendications et limites naturelles.

Ainsi, bien des côtés contestables ou tout à fait condamnables apparaissent comme l'effet naturel de conditions extérieures et intérieures, comme résultat de tendances anciennes, ou comme l'envers de perfectionnements recherchés ou même réalisés. Cela ne veut point dire que toutes les imperfections soient justifiées, garanties ou définitives. Mais si l'on veut porter un jugement sur elles, il y a deux attitudes très différentes : ou bien l'on considère l'école dans son évolution naturelle et l'on découvre les bons motifs même derrière les effets mauvais, ou bien l'on ne voit que l'insanité et la faute des professeurs d'aujourd'hui.

C'est ce dernier parti que prennent actuellement la plupart des critiques, privés ou officiels, et il se peut que les hommes mis en accusation ne sachent plus au juste dans quelle mesure ils ont tort ou raison. Ils ne peuvent, par suite, qu'être aigris ou répondre à leur tour par des invectives passionnées. On ne peut aucunement réclamer d'un individu que, pour son compte et par sa propre force, il réalise juste le contraire de ce que toute la tradition, les conditions et institutions données entraînent avec elles; on ne peut traiter de mauvais professeur celui qui, dans le système existant, réussit à être bon ; mais il ne faudrait pas oublier davantage que certaines conditions actuelles, et peut-être éternelles, auront toujours une mauvaise influence sur la nature et l'action des professeurs. De toutes parts on plaisante ou blâme certaines manies du « maître d'école ». Mais en y regardant de près, on s'apercevra que ces manies sont encore l'envers naturel de certaines nécessités professionnelles, peut-être aussi de certaines vertus professionnelles, en même temps que les effets d'institutions anciennes qu'on pourrait et devrait supprimer. Avant tout, il faudrait bien voir quel concours de circonstances est nécessaire pour qu'un professeur puisse remplir, au plein sens du mot, toute sa tâche.

Il est très facile de tracer en belles lignes une esquisse des qualités que doivent « naturellement » apporter les professeurs en entrant dans leur carrière, qu'ils doivent, ce qui sans doute est plus difficile, maintenir et conserver, ou même développer toujours. Il est facile d'énumérer : le dévouement aux devoirs petits et grands, la patience inépuisable, le détachement grandiose qui permet de s'élever au-dessus de toute nervosité ou irritation personnelle et de tout mouvement d'humeur, l'attention qui à tous les instants embrasse tout, la justice rigoureuse jamais défaillante, le savoir le plus sûr et présent à tous les instants, la sûreté et l'adresse dans la méthode, la possession parfaite de la langue, un esprit et des manières exemplaires, l'observation constante de soi-même, la finesse psychologique, le tact, la compréhension de la jeunesse, une bienveillance inébranlable, une vivacité intellectuelle intarissable, et encore bien d'autres qualités. En réalité on exige du professeur toutes ces qualités, et cela non pas en public, où s'exerce une grande partie de l'activité du juge et presque toute celle de l'ecclésiastique, mais dans le silence, devant des enfants incapables de les apprécier et peu disposés, en général, à en savoir gré. Si alors il est infiniment plus facile d'être en un ou plusieurs points infidèle à cet idéal que de l'atteindre, cela ne devrait surprendre personne, ni entraîner si vite un jugement réprobateur.

De plus, le nombre des professeurs nécessaires dans un pays pour toutes les écoles et pour ces masses d'élèves est considérable et un large recrutement est constamment nécessaire. Peut-on espérer que tous ceux qui choisissent cette carrière sont tous pénétrés de cet idéal, doués surtout de ces capacités idéales, et que la majorité d'entre eux ne succomberont pas de quelque manière aux tentations naturelles de leurs fonctions, comme cela se produit dans toutes les autres carrières? Les hommes ne marchent pas sur cette terre inégale et caillouteuse d'un pas assez sûr pour qu'ils puissent aller comme des nuées légères, toujours droits, la poitrine toujours libre et le regard brillant de lumière. Ce n'est pas tous les jours fête pour notre cœur, ni surtout toutes les semaines et toutes les années, d'autant plus que la vie amène tant de tristesses et de fardeaux, la vie même extra-professionnelle, et surtout la vie de ceux qui ne la prennent pas aussi frivolement que tant de joyeux mondains.

Oui, le regard de la majorité des maîtres, lorsqu'on les rencontre dans la rue ou dans un endroit indifférent, a quelque chose de fatigué et de rude, parfois d'aigri, ou selon une interprétation fréquente, de renfrogné, ou tout au moins trop de sérieux et de sécheresse. Mais ce sérieux, avec ses nuances et ses symptômes, est le résultat naturel du travail professionnel choisi, que l'on estimera, sans doute, nécessaire et digne de reconnaissance, au sein de la vie nationale. Certainement, on peut entretenir et conserver plus de gaieté en suivant d'autres voies, on peut remplir plus d'une haute fonction avec une partie seulement de son être, l'intelligence par exemple, et ne pas cesser pour cela de bien vivre. D'ailleurs, il ne manque pas de professeurs ayant toute leur vie le regard clair de l'optimiste, de l'ami des hommes et des enfants. Il y a la nuance contraire toutes les fois qu'ils ne sont pas considérés comme des membres tout à fait normaux de la société et qu'ils doivent supporter les sourires ou même *in absentia* les rires.

En outre, il se peut fort bien que ces professeurs qui ont dans la rue ce regard fatigué, ne soient ainsi que dans la rue, dans la vie publique qui leur semble triviale, et soient dans leur service pleins de vie et de fraîcheur, et qu'ils ne soient ainsi au dehors que parce qu'ils ont déployé et dépensé beaucoup de vivacité au dedans. N'est-il pas vrai qu'un homme de telle ou telle profession fait toujours preuve de sérénité dans le monde ou d'amabilité, comme on dit, parce que dans l'exercice de sa profession il ne met en mouvement qu'une parcelle de son âme, ne se fatigue pas par une activité trop rapide et ne se laisse pas consumer par l'intérêt? Mais même dans l'enseignement, qu'y aurait-il d'étonnant ou de blâmable à ce qu'un grand nombre, disons même hardiment le plus grand nombre des professeurs, tombent au bout d'un certain temps dans la routine, au lieu de chercher toujours à se renouveler avec une conscience éveillée et un esprit souple? Peut-être la routine est-elle ici plus regrettable que chez le juge, qui deux fois par semaine expédie trente « affaires » dans une matinée, en hâte et selon des formes familières, ou chez le médecin d'agence, ou même chez le prêtre, dont l'oraison peut devenir de la routine? Mais cette routine est chose humaine dans un cas comme dans l'autre, et l'on ne peut exiger de l'homme des choses surhumaines.

Il est vrai encore qu'un assez grand nombre de professeurs montrent peu de sûreté de conduite dans la bonne société (ou en montreraient peu s'ils ne la fuyaient pas si souvent), et que ce défaut provient en grande partie de leurs origines modestes, dans une sphère où le savoir-vivre n'est pas développé ni héréditaire. Il est justement regrettable que les descendants des hautes classes sociales n'entrent pas dans cette carrière pénible et peu riche en hommes du monde. Mais enfin, le savoir-vivre mondain n'a pas une importance telle qu'il ne puisse manquer à certains hommes, surtout lorsque ceux-ci préfèrent consacrer leurs libertés à l'étude. Ce type a toujours existé, il a toujours été méprisé et a toujours eu une importance assez grande pour la valeur totale de la nation. Assurément, les professeurs doivent sur ce point être au total plus exigeants pour eux-mêmes qu'ils ne le sont habituellement, et cela dans leur propre intérêt, et indirectement dans l'intérêt de l'œuvre éducative, qui est compromise si les deux parties restent étrangères l'une à l'autre. Il est, en une certaine mesure, difficile de combiner l'allure et le ton léger de la société avec la tendance d'esprit nécessaire à l'étude et à la correction des devoirs. Celui qui est étranger à la société trouve bien des choses fausses, artificielles ou de moralité douteuse ; et cette société n'est point disposée à apprécier spontanément la carrière professorale.

Mais il faut précisément conquérir ce qui ne se donne pas de soi-même. Il faut le conquérir pas à pas : qu'on ne se récuse pas devant cette tâche, soit par nonchalance, soit par susceptibilité. Est-ce que ce déplaisir à s'imposer de bonnes manières dans toutes les situations et à tous les instants n'est pas quelque chose de particulièrement allemand, que ne connaissent ni les Anglais, ni les Français, ni les autres peuples latins, ni les Slaves ? Une phrase comme : « Celui qui veut cultiver les autres doit être cultivé lui-même » devrait être prise dans un sens plus profond et vraiment éthique, et en Allemagne nous aimerions mieux : « Celui qui veut éduquer les autres doit être bien éduqué lui-même. » On cite ce mot surtout là où l'on recherche les signes extérieurs de la « bonne éducation », qui n'ont souvent point de rapport avec la valeur personnelle véritable, mais sont en réalité la conclusion désirable de la culture intérieure. Et n'oublions pas ceci non plus : de bonne manières sont précieuses aussi pour permettre au professeur de servir d'exemple à ses élèves, et de mauvaises nuisent à la considération du maître, surtout chez les enfants de bonnes familles et des autres aussi. Sous ce rapport, les professeurs varient extrêmement. Par bonheur, il semble bien que notre manière de voir gagne toujours plus de terrain.

La tentation opposée n'est que trop forte. Le travail de la salle de classe cause beaucoup d'irritation, de tension et de fatigue. On est d'autant plus disposé à se laisser aller qu'on ne se trouve pas en face d'un public qui compte vraiment, et les hommes ne savent pas en général combien la peur de leur entourage et de son jugement les maintient dans la bonne voie. Or, ce que l'on appelle les manières n'est pas sans rapport avec l'état général des hommes. Et l'on ne saurait nier que, parmi les professeurs, la propension à s'abandonner joyeusement et librement à l'instant présent n'est pas la règle. On rencontre souvent chez eux une certaine lourdeur de tempérament, une haute estime de soi-même plus ou moins dissimulée, un certain sentiment de supériorité, un penchant à corriger les autres, une susceptibilité et une irritabilité contenues. Et tout cela fait partie, non sans raison, de l'image qu'on se fait du professeur. Il ne serait pas mauvais non plus que les professeurs apprissent à se voir dans ce miroir, car cela aiderait plus d'un à se transformer. Mais qu'au dehors on veuille bien ne pas oublier combien de tels traits s'expliquent par la vie et les devoirs professionnels des professeurs.

Et ce n'est pas uniquement la situation morale qui est dangereuse, mais encore la situation physique. Ceux qui savent ce que c'est que de faire plusieurs heures de classe à une vive allure, avec une attention portant à la fois sur la matière enseignée, sur le développement, la forme et la langue, l'attitude extérieure des nombreux élèves, la peine qu'il faut prendre pour les faire participer tous à la classe, pour faire ces heures bien; ceux qui savent ce que c'est que de se sentir en un rapport intime avec de nombreuses individualités, comme le contact commence par animer, puis par exciter, et enfin par surexciter; ceux qui savent cela jugeront avec plus de justice qu'on ne le fait d'habitude.

En Prusse et dans les États qui s'y rattachent pour les choses de l'enseignement, on impose aux professeurs des écoles secondaires tant d'heures de classe par semaine, tant de travail avant, après et à côté de la classe, et surtout un enseignement si énergique, que les professeurs ne peuvent guère avoir une humeur calme et libre. Les classes didactiquement parfaites qu'on veut aujourd'hui peuvent être faites d'autant plus facilement qu'elles ne se succèdent pas de trop près. De même cette humeur calme et libre, cette capacité de dominer l'irritation, l'impatience, la maussaderie, ne peuvent exister que si l'on a une vie relativement libre, une vie pas trop prise. Les vacances ont été faites naturellement pour la jeunesse, que l'on ne peut pas continuellement tendre, enserrer et contraindre, qui doit par moments vivre encore pour elle et pour ses jeux. Mais si les vacances n'existaient pas, tous les professeurs succomberaient à la surexcitation nerveuse. Au total, des professeurs moins chargés pourraient non seulement mieux représenter et rehausser leur état, mais encore être de meilleurs éducateurs. Il ne faut pas vouloir pratiquer l'éducation comme une industrie. Actuellement, l'éducation scolaire produit réellement beaucoup de ces objets fabriqués. Mais la faute en revient non pas aux directeurs ni aux ouvriers, mais à l'organisation.

Au reste, il y a naturellement, même dans *notre* industrie, de mauvais ouvriers à côté des bons et des moyens. Dans le nombre énorme, il se trouve certainement une fraction de mauvais ouvriers qui pratiquent cette profession idéaliste en réalistes vulgaires, ou tombent à ce niveau au cours des années. Comment serait-ce possible autrement dans ce bas monde? De temps à autre, les professions les plus élevées fournissent, chacune à son tour, un criminel authentique, sur qui les journaux abondent en détails et sur qui leurs lecteurs s'étonnent et s'indignent. A côté de ces brebis galeuses, ces professions fournissent toujours un nombre beaucoup plus grand d'individus sans grande valeur intérieure. Donc, il en en est ainsi partout. Comment en serait-il autrement parmi les professeurs?

Mais, au total, il se trouve dans cette profession une somme de valeur morale qui n'est surpassée dans aucune autre profession, et qui forme pour la valeur et la vertu de la nation, dans son ensemble, une base solide. Peut-être que ceux-là aussi le sentent qui, après avoir parlé avec beaucoup de dédain et d'antipathie des professeurs, prononcent, à l'occasion d'un jubilé ou d'un enterrement, de belles paroles sur la reconnaissance qu'on leur doit et sur la noblesse de la profession. N'est-ce pas peut-être pour expier la foule des petits péchés et de leur frivolité ?

Mais toutes ces invectives de ceux qui sont personnellement intéressés, des parents d'élèves ou d'autres personnes, ne sont rien auprès des invectives que lancent à l'heure actuelle certains écrivains indépendants contre les écoles et les professeurs. Toutefois, avant de nous en occuper, il nous faut encore pousser plus loin nos considérations.

CHAPITRE IX.

Négligences et manquements de la part des professeurs.

Si nous voulons arriver à un jugement juste, il nous faut considérer encore deux points pour compléter ce que nous avons dit : d'une part, ce qui fut vraiment défectueux dans les écoles secondaires et ce que l'on peut reprocher soit à l'école elle-même, soit aux professeurs; et, d'autre part, ce qui est vraiment une faute des parents et en quoi ils restent inférieurs à leur tâche ou bien travaillent à l'encontre de leur but naturel. Même dans ce que nous allons dire, bien des choses peuvent être expliquées par les circonstances; chaque individu peut les invoquer, ainsi que le courant général qui l'entraîne. Néanmoins, il faut ici rendre responsable l'individu lui aussi ou du moins de nombreux individus.

Pour nous en tenir à l'école, un des gros défauts, c'est que pendant des années les professeurs allemands ne se sont considérés essentiellement que comme des professeurs, pas assez comme des éducateurs, pas même comme des professeurs absolument, mais comme des savants ayant pour mission de transmettre le savoir et l'intelligence acquis, afin d'inviter la jeunesse à poursuivre les études savantes ou à s'y préparer. Il est, en effet, de temps à autre, question du « trésor scientifique » à conserver et à transmettre, mais plus fréquemment de science, de sens scientifique et de travaux. Ne dédaignons pas la valeur qu'a pu avoir, en un certain sens, cette conception. N'oublions pas que la préparation habituelle des professeurs de l'enseignement secondaire devait les amener expressément à cette conception de leur profession. A ce bagage scientifique venait s'ajouter seulement la technique nécessaire de l'enseignement, et la partie éducative se réduisait essentiellement à maintenir la discipline, à soumettre et contraindre les élèves. On attendait, sans doute, de grands effets éducateurs de cette façon de faire, mais on ne songeait guère qu'à éveiller le sens scientifique, ou encore à exercer une influence sur le caractère, précisément au moyen de l'enseignement.

Par suite, on a négligé de comprendre la jeunesse de façon profonde et juste, négligé de comprendre la jeunesse en général et les jeunes individualités si diverses, ou du moins les différents types d'élèves en particulier. Et pourtant, comprendre ainsi, même sans prétention philosophique, c'est la base de toute l'éducation. Dans les écoles secondaires, on travaillait avec trop de naïveté à l'aide de catégories aussi insuffisantes que sot ou intelligent, paresseux ou travailleur. Ce qu'on appréciait comme « le don », c'était au fond une certaine faculté très délimitée, de même que l'on estimait plus la correction écrite que la spontanéité et la facilité à l'oral, l'absence de fautes plus que les qualités positives, un raisonnement rigoureusement logique plus que l'intuition sûre et immédiate, une mémoire solide et une bonne reproduction plus que des essais de jugement personnel, un bon savoir par cœur plus que des impressions fortes, etc. Il se peut que tout cela soit donné en même temps que la nature même de l'école, ce n'en est pas moins une imperfection qu'il appartiendrait à chacun d'aider à faire disparaître.

NÉGLIGENCES DE LA PART DES PROFESSEURS.

A cela se rattache très souvent une sécheresse dans le ton des maîtres à l'égard des élèves, dans l'appréciation de leurs travaux et la manière de formuler cette appréciation (des travaux individuels beaucoup plus que de l'ensemble, car aux moments décisifs, la bienveillance ne fait nullement défaut), l'habitude de blâmer plus que de louer. Si Herbart n'avait rien dit de bon que ses phrases sur le rapport du blâme et de l'éloge (« Le blâme ne peut être écouté que s'il cesse d'exister seul comme valeur négative », et : « La discipline (c'est-à-dire l'éducation) ne peut vraiment s'exercer qu'après avoir trouvé l'occasion de rehausser le meilleur moi de l'élève par un éloge pénétrant »), il aurait prouvé, par là seul, sa supériorité en matière pédagogique et mérité une grande reconnaissance.

Ce n'est pas à dire, comme à l'heure actuelle beaucoup de parents et d'amis de la jeunesse se l'imaginent à nouveau, que le développement le plus favorable de n'importe quel enfant soit assuré à l'aide de beaucoup d'éloges et en faisant appel uniquement au sentiment de l'honneur. On n'obtient pas de résultats dans l'éducation par des préceptes si simples et des moyens aussi simplistes.

Ce n'est pas à dire non plus que dans nos écoles règne habituellement trop de sévérité réelle envers les élèves Les passages dans les classes supérieures, qui causent tant de soucis aux familles, ont lieu en grand nombre cependant, c'est-à-dire toutes les fois où l'on peut espérer qu'un élève, malgré certaines faiblesses actuelles, pourra suivre avec succès l'enseignement de la classe supérieure et sera capable, en travaillant, de se mettre à son niveau. En général, trois quarts des élèves au moins passent et même, en moyenne, quatre cinquièmes, sans qu'un système mécanique (l'addition impitoyable des points obtenus) l'emporte sur l'appréciation générale de l'élève [1].

[1]. Ou bien trouverait-on préférable le système français ? Dans l'un des gigantesques lycées de Paris, l'une de ces dernières années, 2 p. 100 seulement des élèves ne furent pas admis dans la classe supérieure (dont la plupart, indignés de cette audace des professeurs, quittèrent aussitôt le lycée). Mais la même année, la moitié des candidats, à peu de chose près, échoua à l'examen du baccalauréat. (*Note de l'auteur.*)

Il est exact que la question des examens de passage est l'une des plus difficiles qu'ait à résoudre l'enseignement secondaire français. Mais les conditions matérielles et les circonstances diffèrent tellement d'un pays à l'autre qu'il nous semble impossible d'établir une comparaison entre les deux systèmes. Le système allemand présente, en tout cas, de nombreux avantages sur le nôtre. (*Note du traducteur.*)

Ce n'est pas à dire non plus que les punitions soient au total largement distribuées. A ce point de vue, comme à beaucoup d'autres, une amélioration sensible s'est produite, plus considérable même que dans certains pays étrangers. Par contre, les distributions de récompenses, de prix, ou d'autres distinctions, n'ont lieu que dans peu d'endroits chez nous (ou dans certaines parties de l'Empire seulement), et cela non pas par suite de moindre bienveillance, mais pour de bonnes raisons pédagogiques.

Peu importe, d'ailleurs. Une chose est peut être plus importante que tout cela : les rapports immédiats et personnels entre les élèves et les professeurs. Souvent, il règne chez les élèves malheureusement le contraire de la confiance, de la franchise et du respect, On a trop peu souvent réussi à transformer par le ton, les dispositions réciproques et les relations, l'opposition première en un accord, si bien qu'on a plutôt l'impression d'un désaccord. Les exceptions amicales ne manquent pas, on en trouverait même dans chaque établissement; mais on les considère encore précisément comme des exceptions.

En ce sens, les études à l'Université ont facilement un effet fâcheux. Le philologue, en tant que tel, est dressé à attacher une grande importance aux petits détails, à être impitoyable envers l'incorrection. Et il conserve souvent cette mentalité dans ses rapports avec les élèves et à l'égard de leurs travaux. Oui, ce que nos savants appellent idéalisme, et qui est vraiment leur idéalisme, consiste à se consacrer au service de la vérité dans la science, par opposition à la recherche des succès pratiques dans la vie. Mais cette autre sorte d'idéalisme, qui consiste à se dévouer avec amour à d'autres hommes, leur demeure étranger. Et cependant, l'origine de ce premier idéalisme remonte à l'époque antérieure à Jésus-Christ, à l'« Éros » de Platon peut-être, tandis que le second est d'un christianisme immédiat et éternel.

Nous comptons bien un petit nombre de vrais et bons amis de la jeunesse (comme il s'en trouve tant parmi les professeurs anglais, tant que presque tous le sont). Mais nous en avons beaucoup trop d'autres qui s'imaginent l'être suffisamment et qui, sans être tout juste le contraire, restent bien loin d'une réalisation vivante de ce bel idéal. Ils ne conservent pas assez de jeunesse eux-mêmes, comme le font les professeurs au delà de la Manche, mais sont parfois plus vieux à vingt-cinq ou trente ans qu'il ne serait nécessaire à soixante. Une amélioration s'est produite, comme nous l'avons dit, et le défaut que nous signalons ici, les plus jeunes parmi les professeurs le ressentent aussi. La gymnastique et les jeux de plein air, qu'on a remis en honneur, ont trouvé dans beaucoup d'endroits, parmi les professeurs, des partisans et des moniteurs dévoués. Néanmoins, les choses ne sont pas encore partout au point voulu, pas plus que le sens de l'hygiène scolaire n'est encore suffisamment développé chez tous les professeurs. Un obstacle est que les élèves demeurent encore sous l'influence d'une tradition de plusieurs générations. Chaque professeur n'en a que plus le devoir de s'élever de son côté au-dessus de la conception et des habitudes dominantes, et chacun peut utilement contribuer pour sa part à améliorer l'état général.

Et cela est vrai aussi dans une autre question importante dont nous avons encore à parler : le rapport intime entre les écoles et les familles. A vrai dire, les conditions naturelles pour une action commune ou réciproque ne sont pas favorables. Dans les pays où l'éducation générale est celle de l'internat, beaucoup de difficultés disparaissent qui chez nous se font sentir plus fortement d'année en année. Sans doute, il s'en produit d'autres en échange, et l'on entend en France des voix autorisées protester contre l'internat. Notre système du partage de la besogne entre l'école et la maison, où chacune a sa tâche définie et belle, est le tème idéal. Mais il exige aussi des rapports personnels parfaits, ou du moins la meilleure volonté de part et d'autre. Le partage des droits sur les enfants suppose au fond des rapports de confiance et de compréhension, ou une soumission volontaire de l'une des deux parties. Ils existaient autrefois sans trop de peine, mais ils ont disparu de plus en plus. Les petits frottements s'accumulent au cours des différentes générations. Les besoins individuels et les convictions se différencient. Le passage n'est que trop facile de la collaboration à la divergence, puis à l'opposition. D'autant plus qu'effectivement les principes des écoles et les opinions des familles se sont développés en des directions très opposées. Du dehors, on ne considère ce qui

NÉGLIGENCES DE LA PART DES PROFESSEURS. 129

se passe derrière les portes fermées des écoles qu'avec infiniment peu de confiance.

Et la faute en revient, en une certaine mesure, aux écoles. Elles sont devenues des établissements publics et les professeurs des fonctionnaires publics, ayant des devoirs précis vis-à-vis de l'administration publique. Mais ils ont trop souvent cessé, pour cette raison, de se considérer comme collaborateurs amicaux des familles. Ce sont précisément leurs grandes prérogatives officielles qui devraient les inciter à cultiver spontanément les relations directes d'homme à homme. Mais la plupart du temps, le contact entre les deux parties ne se produit qu'à des moments rares et particulièrement pénibles : communications écrites relatives aux faiblesses, reculs, punitions, avertissements relatifs aux examens de passage, prières de prendre connaissance de mauvais devoirs et de les signer, ou bien encore les sèches communications sous forme de notes chiffrées; c'est à cela qu'en général on se borne. Les invitations à assister à des fêtes scolaires, avec tout leur attirail endimanché, ne peuvent guère passer pour une compensation ou un complément.

Si les bulletins ont cette forme exsangue, s'il

n'y est question que de différences de degré entre les jeunes individualités et non point de tempéraments particuliers, non point de valeurs ou de non-valeurs personnelles diverses, mais d'avance ou de recul sur une ligne donnée, assurément les autorités scolaires en sont responsables. Car, depuis des années, elles ont insisté pour obtenir la plus grande concision et la plus grande précision possible en ce sens, tandis qu'autrefois les bulletins témoignaient avant tout d'une observation soigneuse des élèves par leurs professeurs, et contenaient chaque fois une caractéristique de leur état général. Quoi qu'il en soit, là où l'on ne veut pas se contenter d'indications arides, le droit et la possibilité de le faire n'ont pas encore disparu.

Et comme on peut agir individuellement, si l'on veut! Si en inscrivant un nouvel élève, on ne fait que présenter ou remplir un questionnaire, ou prendre quelques notes brèves, si les visites des parents semblent des pertes de temps et s'il n'y est question que de la situation extérieure de l'élève vis-à-vis des matières à apprendre, si son image ne vit dans le carnet du professeur que par le nombre de ses fautes, si l'on ne

parle que des devoirs et des obligations de l'élève
et non pas de sa nature, certainement de telles
visites ne peuvent apporter de satisfaction, ni
encourager à revenir, surtout lorsque l'on traite
les parents comme une manière de complices
dans les méfaits de l'élève. Certes, ils le sont
souvent dans la réalité, mais il faut le leur faire
comprendre, au cours de la conversation, avec
certaines précautions. Au total, il faut qu'une
recherche commune des meilleurs moyens et
mesures, et même des principes les plus justes,
forme le fond de la conversation ou bien semble
le former. On peut insister aussi sur l'intérêt
personnel pris au développement de chaque élève
avec plus d'habileté et de courtoisie qu'on ne le
fait peut-être habituellement,

On objectera, sans doute, que tout cela était
faisable à des époques plus simples, dans une vie
patriarcale, mais que dans la vie moderne, qui
partout se rapproche du genre de la grande ville,
de telles possibilités sont exclues. Mais cela n'est
pas absolument exact, et si le trop grand nombre
des élèves dans chaque classe et le surmenage
des professeurs ne permettent plus une besogne
semblable, c'est une raison de plus pour faire

une réforme extérieure. En réalité, non seulement tous les professeurs, mais encore tous les *ordinarius* [1] devraient se tenir une bonne heure à la disposition des parents pour causer avec eux, et cela pas seulement aux moments critiques pour chaque élève. En même temps, l'intérêt apporté aux questions de l'éducation et à la connaissance des particularités individuelles les plus diverses s'élèverait, au lieu de se borner au cercle étroit de l'enseignement qu'on donne et à la discipline y afférente. Et les sérieuses questions pédagogiques intéresseraient plus aisément les familles, alors que celles-ci se sentent aujourd'hui plus opprimées et repoussées que secouées et attirées par celles-ci.

1. En Allemagne, un des professeurs principaux est chargé de s'occuper spécialement d'une classe. Il assure l'unité morale de la classe, sert d'intermédiaire entre les élèves et le directeur, répartit avec ses collègues le travail dans chaque spécialité, surveille et dirige les efforts individuels des élèves. (*Note du traducteur.*)

CHAPITRE X.

Négligences et manquements de la part des familles.

Car il faut bien reconnaître que, dans leurs rapports avec l'école, les familles ne laissent pas beaucoup moins à désirer. Et il n'est pas possible d'expliquer absolument et de justifier par des raisons historiques les fautes commises ici. On peut dire tout d'abord que la séparation entre l'école et les familles n'avait pas besoin d'être si profonde qu'elle l'est en général aujourd'hui. On se laisse trop facilement gagner par le sentiment des enfants à l'égard de l'école et des professeurs, par leur peu de confiance dans la bienveillance de ceux-ci, par la croyance répandue à leur dureté de cœur. On est trop enclin, lorsqu'on vit soi-même le cœur léger et la conscience peu inquiète, à voir dans le professeur sans amabilité ni souplesse un ennemi de toute vie naturelle et naïve. Les grandes personnes ont conservé le souvenir de leurs propres années de classe, et continuent à apercevoir un ennemi, là où elles rencontrèrent un obstacle à leurs penchants naturels et l'obligation de se vaincre elles-mêmes. Elles n'ont pas encore compris que cet obstacle et cette contrainte se justifiaient par de hautes raisons. Il est très beau de conserver dans l'âge mûr un peu d'humeur juvénile et même enfantine, de s'abandonner à certaines impulsions naïves et d'être parfois peu sage avec la meilleure conscience du monde. Mais on peut aussi aller trop loin et rester jeune dans ses sentiments et ses jugements.

On se décide très rarement à aller trouver un professeur ou directeur, lorsqu'on est persuadé que son opinion sur un élève est inexacte, qu'il a été injuste envers lui, lorsqu'on a un doute ou lorsqu'on pense qu'il aurait besoin d'éclaircissements. On préfère presque toujours, même dans cette circonstance peu compromettante, ronger son frein en silence, grogner fort chez soi dans l'intimité, donner immédiatement raison aux siens, élargir le fossé et accroître la mauvaise humeur. Si, au lieu de cela, on allait trouver soi-même le fonctionnaire puissant, il en résulterait le plus souvent une entente satisfaisante, peut-être en quelques instants ou à la fin tout au moins, et l'on aurait jeté les bases d'une nouvelle confiance. De jeunes professeurs, en particulier, se refuseraient rarement à de telles conversations. Au fond, c'est une bonne habitude, qui manque de part et d'autre, et l'absence de contact personnel entre les personnes entraîne naturellement une sorte d'éloignement intérieur.

On n'a pas trouvé non plus la forme convenable pour ces relations, la forme de la bonne société selon laquelle on ménage autant que possible les sentiments d'autrui, cherche et met en lumière les points communs, s'efforce d'envelopper les choses désagréables et fait toutes les concessions qui sont possibles. Il est tout à fait désirable que les jeunes professeurs, précisément, aient l'occasion de s'exercer en ce sens. On les empêcherait aisément de faire cause commune avec ces professeurs qui ont une certaine arrogance pédante, et pas à l'égard des élèves seuls, qui estiment peu et les enfants et leurs parents, ne considèrent les élèves que comme des « matériaux », se sentent pleins de valeur en raison de leur vaste savoir, s'adonnent si complètement à leur spécialité qu'ils n'ont plus de cœur pour les vivants et ne veulent plus faire de subtiles distinctions ni admettre de droits individuels. Il faudrait déjà, lorsqu'on amène un nouvel élève, qu'une longue conversation eût lieu entre le directeur et celui qui l'amène, et qu'on fît une manière de procès-verbal. Si, dans nos écoles géantes des grandes villes, la quantité des élèves ne semble pas permettre ce procédé, cela ne serait pas impossible, si funestes que soient ces institutions gigantesques dont notre génération est si puérilement fière.

Quoi qu'il en soit, des pères de famille, surtout cultivés, ne devraient pas craindre de formuler des plaintes précises à l'occasion. Leur opinion doit être précieuse aux représentants de l'école et leurs doléances peuvent être utiles à d'autres enfants que les leurs. Mais ici il faut s'inscrire en faux contre la croyance, presque générale, qu'une plainte des parents fait, dans la suite, tort à l'élève, comme si on tirait vengeance, parfois durant des années, d'une irritation passagère.

On aperçoit ici tout l'abîme qui, au cours des

âges, s'est ouvert entre les deux parties et que chacune a la tâche de combler avec un peu de bonne volonté. Qu'un professeur en veuille longtemps à un élève pour une faute positive et sérieuse, cela déjà est en réalité beaucoup plus rare que les élèves ne le disent. Ils confondent souvent la critique pédagogique continuelle d'un défaut (comme, par exemple, une forte distraction ou la peur du raisonnement) avec une aversion naturelle et un abus d'autorité. Malheureusement, il ne manque pas, parmi les professeurs, de natures mesquines qui reviennent trop longtemps et trop volontiers sur un défaut ou un côté faible d'un élève. Lorsqu'on est chargé de toujours surveiller et corriger, on court aisément le danger de ne faire que critiquer et reprendre, de ne voir plus que les fautes et de ne trahir par son regard qu'une continuelle méfiance. Et tout cela est très vilain. Mais de là à faire payer par l'élève un moment de mauvaise humeur ou un léger conflit personnel avec les parents il y a loin. Bien plutôt ce qui est naturel et habituel, c'est que, dans un tel cas, le professeur se garde soigneusement de se donner même l'apparence de traiter cet élève avec plus de sévérité. Donc, encore une fois, une plus grande confiance et un plus grand courage chez les parents vis-à-vis des professeurs de leurs enfants pourraient contribuer à transformer l'éloignement actuel en une coopération profitable. On y aurait déjà réussi dans le passé, et on pourrait y réussir dans l'avenir.

Mais il y a une coopération de mauvais aloi. Elle est sans doute devenue moins fréquente que jadis, mais n'est cependant pas une rareté. Elle consiste en ceci, que les punitions données à l'école trouvent un écho renforcé à la maison, si bien que la peur de ces suites à la maison, s'ajoutant à la punition réelle, fait que celle-ci, juste à l'origine, devient tout à fait disproportionnée. Même si à la maison on se contente de juger avec sévérité et emportement toutes les incartades commises à l'école, on n'a pas beaucoup moins tort. Nous ne pouvons plus aujourd'hui louer une conduite aussi sévère que possible à l'égard de ses propres enfants.

Il y a aussi les parents (plus exactement les pères, car on ne peut se représenter que les mères en soient capables) qui, lorsque leurs enfants travaillent le mieux et remportent les plus hautes récompenses, leur disent qu'après tout ils ne font que leur strict devoir, puisque, de leur côté, ils ont tant de peine à gagner l'argent nécessaire aux études. Puis il y a encore ces parents qui, par ambition ou vanité personnelle, poussent leurs enfants à faire mieux que les camarades, qui attendent avec émotion les bonnes places et accompagnent les compositions de leur anxiété et de leur agitation. Et encore ceux qui font trop aisément donner des leçons à leurs enfants à l'école, soit par inquiétude et pour marcher à coup sûr, soit par vanité, afin qu'ils ne soient pas après d'autres, soit par tendresse, afin de les décharger d'une grosse part de la tâche encombrante, soit enfin parce qu'ils s'imaginent que les professeurs y comptent bien dans l'espoir d'alléger leur propre besogne.

Mais toutes ces erreurs sont moins graves qu'un autre fait. La plupart des parents rendent l'école responsable des échecs de leurs enfants. On est d'ailleurs porté, dans le public, à rendre l'école responsable de tous les symptômes de sauvagerie ou d'immoralité ou de toute perversité précoce, comme si l'école ne travaillait pas sur des bases qui ont dû être posées auparavant, comme si elle pouvait se passer de l'action simultanée du milieu familial, comme si on pouvait attendre qu'elle exerçât, avec ses moyens limités pourtant, l'action la plus profonde et la plus décisive. Il y a là une survivance de vieilles idées sur la vie spirituelle et un effet du laisser-aller moral. Où en est, en effet, aujourd'hui, l'éducation familiale? Nous ne voulons pas nous faciliter la tâche en disant que nous considérons que, dans l'ensemble, elle est la même partout. Nous ne voulons pas être partial envers le présent au point de n'admettre aucune innovation. Il y a naturellement, maintenant comme jadis, de profondes différences de genre et de valeur dans l'éducation donnée par les différentes familles. Le meilleur y côtoie le pire. Il est même sûr que certains défauts dont souffrait l'éducation dans presque toutes les familles des générations antérieures ont disparu. On trouve moins de contrainte et de soumission arbitraire, plus de conscience des droits de la jeunesse, plus d'endurcissement intelligent, plus d'intérêt pour les questions d'hygiène. Le bien-être, en grandissant, aide déjà, à lui seul, à corriger certains défauts d'autrefois.

Mais, d'autre part, on ne fait qu'exprimer ce

que tout le monde sent, en disant que la vie actuelle, hâtive et sans repos, bourrée de sensations, avec sa tension nerveuse, sa distrayante multiplicité, son hostilité à tout recueillement, à une vie égale, intime et calme, a quelque chose de funeste. Et qui niera qu'elle ne soit dangereuse aussi pour l'éducation? Point n'est besoin de décrire longuement comment, dans de nombreuses familles, la vie tend à se disloquer, combien il reste peu de temps et de sens pour une vie en commun tout intime, avec combien peu de suite les pères et les mères élèvent leurs enfants, tout ce que cette éducation a de décousu et de superficiel, dans quelle mesure on s'en rapporte à des personnes mercenaires (indignes, parfois, et souvent aussi indignement traitées).

En outre, la notion même d'homme « cultivé » est devenue incertaine et a beaucoup perdu de son crédit. On l'applique extérieurement à une foule de gens qui, intérieurement, ne la méritent en aucune façon. Le nombre des familles préoccupées de questions intellectuelles n'a certainement pas grandi. La bonne lecture en commun, la bonne musique en famille ne sont pas devenues plus fréquentes depuis que les bons livres coûtent moins cher, et que les occasions d'apprendre la musique sont beaucoup plus nombreuses.

Il ne faut point s'étonner si l'on s'intéresse beaucoup moins que jadis (en particulier au dix-huitième siècle) à une éducation fondée autant que possible sur des principes. Il n'y a même pas lieu de s'en plaindre, puisque l'esprit général, une saine atmosphère morale dans la famille peuvent y suppléer. Et si les adultes se laissent volontiers conduire par leurs impulsions, au lieu de se régler toujours sur des principes, on peut voir là une réaction licite de la nature contre une culture intérieure trop rigide. Mais, sans qu'on s'en aperçût, de nombreux fondements éthiques de notre vie se sont mis à chanceler, ou même à s'effriter et tomber en ruines. On ne vit souvent que sur les derniers échos incertains d'un sérieux ancien. Sans doute, on remarque partout le besoin d'un renouveau religieux. Mais entre ce besoin, qui peut bien provenir d'une âme insatisfaite, et le retour à ce pieux équilibre, à cette source profonde de vie, à ce soutien absolu (ce que la religion doit être), il y a un abîme à peine franchissable.

Cependant, le scepticisme va plus loin encore. En réalité, c'est la foi en notre idéal de civilisation, c'est-à-dire en l'idéal de l'époque la plus glorieuse de notre civilisation, qui disparaît de plus en plus ou tend à disparaître. La recherche passionnée d'un nouveau point d'appui dans le domaine purement esthétique est plutôt l'indice d'un besoin que l'annonce d'une culture nouvelle. C'est précisément la foi en toute notre civilisation et sa valeur qui semble devoir se perdre. On y voit si souvent la nature, la foi et la fraîcheur véritables périr, les droits de la vie si souvent méconnus, que les voix révolutionnaires les plus diverses trouvent des auditeurs complaisants. Ce qui, à l'époque de Rousseau, se faisait déjà sentir, cette aspiration de l'homme civilisé vers une nature non artificielle, ou bien ce qui depuis et autrefois déjà s'est manifesté en des vagues successives, c'est cela que nous retrouvons aujourd'hui, plus caché et plus dispersé, sous une forme nouvelle, et peut-être avec une force accrue. Si notre civilisation fait toujours des conquêtes plus rapides, celles-ci s'accompagnent d'une lassitude cachée et profonde : on est las de toute notre civilisation. Un seul détail peut servir de symptôme de ce changement intérieur : de même que dans son entourage immédiat on évite à l'heure actuelle tout ce qui est symétrique, de même au fond de soi-même on veut s'affranchir de tout ce qui est régulier. Cette tendance se pare du nom de revendications individualistes; c'est en même temps la revendication de la nature contre toute espèce de règle. Et l'on oublie ou nie volontiers que la conformité à des règles sera toujours au moins un des aspects de la civilisation.

Nous ne pousserons pas plus loin ces considérations. Mais qu'y a-t-il d'étonnant si, dans ces conditions, on a perdu la foi en nos écoles, en la valeur de leur principe, de leurs matières d'enseignement, en la valeur de leur méthode (beaucoup plus encore), en leur puissance éducative, et même en toute éducation par l'école? Des théoriciens nouveau genre ou des natures naïves et modernes vont proclamant avec chaleur que toute contrainte, toute réaction vis-à-vis de la jeunesse est une erreur. Un éloge encourageant, disent-ils, fera plus pour le progrès de l'éducation que toute pression, toute loi et, naturellement, toute menace ou punition. Un libre développement des individus garantira nécessairement une grande valeur individuelle que toute règle ne ferait qu'étouffer. Lancez l'enfant de bonne heure dans le culte de la beauté et vous donnerez au caractère au moins autant de force, et à la personnalité autant de noblesse qu'à l'aide de toutes les règles morales.

Tels sont, brièvement résumés, les évangiles nouveaux qui sont proclamés maintenant dans des brochures toujours plus nombreuses, avec une éloquence se surpassant toujours, avec des peintures toujours plus saisissantes, tantôt avec une colère olympienne, tantôt avec une colère titanique. Au fond de tout cela, il y a une réaction contre une satisfaction de soi-même, certes trop grande, et une tendance trop partiale chez ceux qui dirigeaient et réglaient jusqu'à ce jour l'éducation ; il y a cette mise en doute de l'ancienne foi, cette lassitude à l'égard des idéals de notre civilisation et aussi, bien entendu, l'espoir juvénile de réaliser aisément une vie nouvelle et infiniment plus belle.

On reconnaît sans doute dans cet embrasement les flammes de Nietzsche. Mais Nietzsche ne fut peut-être que le plus éloquent et le plus original de tous ceux qui sentaient comme lui. C'est peut-être pour cette raison seule qu'il a trouvé un tel écho. Quoi qu'il en soit, bien des gens ne voient que par ses yeux, et l'originalité des idées nouvelles empêche de remarquer leur étroitesse. Il faut que de nombreux esprits plus simples restent en éveil pour faire revenir de cette envolée dans des régions trop incertaines et trop complexes de la pensée. Lorsqu'on éprouve tout à coup un beau jour de l'intérêt pour les questions d'éducation, qu'on y réfléchit et qu'on a conscience d'avoir là-dessus quelques bonnes idées, on ressent aussitôt le besoin de les proclamer. Il en a toujours été ainsi dans le domaine de la pédagogie. Mais si l'on a suivi les réflexions, les recherches et les tentatives faites au cours des siècles, et si l'on a appris à bien connaître les résultats des essais les plus divers, on ne peut plus se laisser séduire par ces protestations éloquentes et ces programmes alléchants.

CHAPITRE XI.

Caractères généraux des attaques publiées contre l'école.

Mais il nous faut examiner d'un peu plus près les idées des novateurs ou révolutionnaires, telles qu'ils les ont exposées dans les brochures et les articles de journaux. Nous ne les étudierons pas en détail. Nous dégagerons les idées essentielles, celles qui se révèlent toujours sous toutes les variations, et nous les examinerons dans la mesure où nous ne l'aurions pas fait suffisamment dans ce qui précède. Nous avons déjà dit qu'il ne manque pas d'affirmations et de revendications contradictoires, comme cela est inévitable à une époque si troublée.

L'une des plus graves contradictions est la suivante : les uns voudraient que l'on simplifiât le plus possible les plans d'études, que l'on réduisît le nombre des matières, et cela dans le sens des vieilles humanités; les autres, mécontents de cette éducation à la lumière grise d'une civilisation étrangère, réclament avant tout que l'on fasse comprendre aux élèves le monde réel qui nous entoure. Cette querelle n'est plus tout à fait équivalente à l'opposition qui existait entre l'enseignement classique et l'enseignement moderne, qui pendant des années fut une des préoccupations principales des pédagogues; mais elle s'y rattache.

Et l'on pourrait citer d'autres contradictions. Les uns, par exemple — et ils sont nombreux — en viennent à douter de la valeur éducative d'un enseignement mathématique poussé énergiquement et largement développé, et voudraient le voir réduit à ses éléments essentiels ou dirigé vers la pratique; les autres, au contraire, demandent avec beaucoup d'insistance que l'on fasse aux mathématiques une place beaucoup plus large à l'école et que l'on ne craigne pas d'enseigner dans les hautes classes certaines parties des mathématiques supérieures, que l'on considérait jusqu'ici comme une sorte d'apanage plein de mystère et de difficultés dignes des universités et hautes écoles spéciales.

Et quelle contradiction aussi dans les buts que l'on propose à l'enseignement de l'histoire! D'un côté on veut développer une connaissance aussi précise que possible de la vie sociale réelle et de son évolution, de l'autre faire naître des sentiments de fidélité à l'État ou former des citoyens acceptant avec joie de n'être qu'une parcelle dans le tout.

De façon plus générale encore, il y a opposition entre ceux qui attendent de l'école et de l'enseignement qu'ils forment avant tout les cœurs des futurs bons citoyens et ceux qui prétendent que non seulement l'école ne peut pas, mais encore ne doit pas atteindre ce but, et qu'elle a uniquement pour mission de transmettre les connaissances indispensables et de donner un entraînement purement intellectuel.

Mais ce n'est pas tout. Se borner autant que possible à ce qui touche la patrie et, d'autre part, prendre le plus possible connaissance du monde entier.

Égalité de l'instruction ou, du moins, des facilités de s'instruire pour tous les enfants de la nation ; et, d'autre part, choix des mieux doués dans l'intérêt des progrès et des succès internationaux de la patrie.

Et dans un tout autre domaine : développement de toutes les espèces de sports parmi les élèves, et, d'autre part, hostilité très marquée contre toutes ces tendances pour les élèves, en raison de leurs dangers pour la véritable santé physique et pour le recueillement et le développement intérieurs.

Et, naturellement, les jugements portés se contredisent autant que les revendications. On pourrait faire un recueil de ces appréciations passionnées et brutalement contradictoires. Nous ne le ferons pas. C'est très souvent un sentiment individuel, une inclination, une expérience personnelle qui parlent. Ou bien on exprime une idée qui ne résisterait pas à un examen sérieux. On soutient des théories absolument incompréhensibles, souvent même on réclame l'impossible. Ici et là on rencontre bien quelques idées exactes, quoique déjà anciennes. Mais on rencontre beaucoup plus d'inexactitudes. En un certain sens, le domaine des choses de l'éducation est encore une terre vierge. On ne sait pas, on ne croit pas que là aussi il faut de la réflexion et des connaissances multiples, qu'il s'agit d'une science comme les autres, dont les problèmes ne sont qu'un peu plus vastes et plus complexes.

On peut sans doute voir une excuse dans ce fait que, précisément en Allemagne, les universités, ces foyers de la culture la plus haute et la plus générale, n'ont fait presque aucune place à la pédagogie. Elles sont en retard sur certains autres pays, en particulier les États-Unis d'Amérique.

Une autre excuse est que parmi ceux que leur profession devrait rendre compétents, il y en a beaucoup qui sont enlisés dans de vieilles habitudes, manquent d'un sens vraiment large et clairvoyant, sont incapables d'apporter quelque lumière, restent immobiles au milieu du monde en mouvement et ne connaissent que leurs catégories et formules traditionnelles.

Et en troisième lieu : n'importe qui peut recueillir dans le domaine de l'éducation des observations et des expériences et prendre la chose à cœur. Et justement ici, l'importance du cœur n'est pas minime, puisqu'il s'agit de la jeunesse. Le pédagogue le plus scientifique lui-même ne devrait pas en manquer.

Mais le cœur peut cependant, réduit à lui-même, donner des inspirations malheureuses. Les « expériences » individuelles ne peuvent guère servir de base à des mesures générales et le sentiment immédiat le plus fort est souvent bien trompeur. Si quelqu'un voulait aujourd'hui parler de la médecine d'après son sentiment personnel ou d'après ce que lui a enseigné son propre corps, personne ne l'écouterait, si ce n'est quelques naïfs (et il se peut que ces « quelques » naïfs soient nombreux et se trouvent surtout dans la haute société). On oserait encore bien moins, sans études spéciales, dire son mot sur la meilleure construction des ponts ou autres choses analogues. C'est que là on risquerait d'assister à l'effondrement du pont, et, en médecine, d'entraîner la mort ou l'aggravation de la maladie. Dans le domaine de l'éducation, les erreurs n'ont pas de conséquences si palpables et n'amènent pas de si graves catastrophes. Et c'est pourquoi on oublie toute prudence et toute retenue.

Néanmoins, il est préférable de prêter une oreille attentive aux opinions émises, plutôt que de se boutonner dans la conscience d'une sagesse supérieure et définitive. Mais il faut distinguer entre les appréciations littéraires et celles qu'on exprime dans une conversation. Dans le premier cas, la responsabilité est infiniment plus grande, et on devrait en avoir conscience. Dans le second intervient le désir d'attirer l'attention par des couleurs aussi vives que possible, ou même encore, de nos jours en particulier, le désir de se révéler comme une personnalité fortement marquée. On veut avoir une philosophie originale, aux idées puissantes, et surtout des sympathies ou des antipathies (de préférence) fortement accusées; on veut avoir des haines vigoureuses, élever des protestations hardies, avoir du tempérament à tout prix, et autant que possible une pensée et des expressions tout à fait spéciales. C'est du moins l'impression que font bon nombre de ces écrits. Nous ne voulons point contester ni la sincérité de leur sentiment, ni la noblesse de certaines intentions. Les défauts qu'on relève sont les défauts de la jeunesse. Si tous les auteurs ne sont plus jeunes, ils veulent visiblement le paraître, montrer une juvénile puissance de sentiment, et manifester le besoin de voir naître un nouveau monde et de contribuer à son apparition.

De là vient leur peu de sens de la responsabilité. Car, en général, les hommes mûrs sont seuls à avoir ce sens, et il est bien embarrassant pour ceux qui ont trop confiance en eux-mêmes. De même que la jeunesse trouve tout « ignoble ou magnifique », de même il semble qu'une condamnation totale témoigne de plus de santé et de « personnalité » que de simples restrictions. Dans un grand journal quotidien, on pouvait lire récemment encore que, dans l'enseignement des sciences naturelles, les écoles secondaires ne faisaient appel qu'à la mémoire, nullement au sentiment ni à l'intelligence. Et de tels jugements, fondés sur une ignorance complète de la question, des souvenirs déformés et une humeur momentanée inconsistante, trouvent toujours des naïfs pour les approuver.

Il en va de même de toutes ces appréciations qui reviennent sans cesse dans les brochures ou les conversations, et dont il a été question déjà plus haut : « dans tout l'enseignement on se borne à transmettre des connaissances, à répéter puis à faire répéter et à punir « au cas échéant » ; on ne se soucie pas de savoir si les élèves ont compris, pourvu qu'ils se soient assimilé les mots; on ne fait point de différence entre ce qui est grand et ce qui est petit, entre l'important et le secondaire, entre le régulier et l'exceptionnel; on prend plaisir à surcharger les pauvres élèves de règles toujours plus nombreuses et d'exceptions toujours plus subtiles ; on alourdit d'année en année les programmes ; on s'efforce de faire absorber par les élèves toutes les connaissances qu'on a soi-même emmagasinées depuis des années. »

C'est à cette tendance aussi qu'il faut rattacher d'autres affirmations. On prétend que les moindres fautes des élèves sont impitoyablement notées et qu'on ne les oublie jamais, que bien des mois plus tard on les note encore sur les bulletins, que les professeurs empêchent, avec satisfaction ou du moins avec une sécheresse de cœur pédantesque, de passer dans la classe supérieure tous ceux qui ont commis une erreur sur un point accessoire, et que tout dépend des examens, où le hasard joue un si grand rôle. Certainement, il fut un temps, très long même, où l'enseignement consistait à faire un cours, à interroger et à punir en cas d'insuffisance. C'est au fond la manière du Moyen âge, d'époques postérieures s'étendant même pour l'école primaire jusqu'à Pestalozzi. Mais depuis ? Nous n'allons pas revenir encore sur les progrès des derniers siècles. Mais tous les visiteurs étrangers compétents disent combien les professeurs allemands l'emportent en savoir didactique sur ceux de leur propre pays. Sans doute, les plus avisés font aussi leurs critiques et montrent les bornes du système allemand. Mais cela s'adresse plus à la manière dont l'éducation est réglée qu'au savoir personnel des professeurs. Et cette contradiction entre l'estime des étrangers et les appréciations ironiques et défavorables que nous entendons chez nous, ne laisse pas d'être étrange.

Une agitation intérieure, une irritabilité excessive, des expressions volontiers exagérées, un plaisir à découvrir des points faibles dans presque toutes les conquêtes de la civilisation, un sentiment d'une profonde transformation nécessaire dans les fondements même de notre nature, voilà ce qu'on retrouve aujourd'hui chez tous les gens cultivés. Nos contemporains sont devenus nerveux. Les civilisés sont las de leur civilisation. Tout ce que les générations antérieures leur ont laissé leur semble vermoulu. A leurs yeux, « tout ce qui existe est vraiment digne de périr ». On a renoncé en particulier à l'optimisme rationnel du dix-huitième siècle, ainsi qu'à l'idéal qui caractérisait les dernières années du dix-huitième et les premières du dix-neuvième siècle. On souhaite un renouvellement de la vie devenue fade, malgré toutes ses excitations, par les forces vives de la nature. Après la liberté politique, religieuse, puis sociale, on revendique la liberté de la civilisation, une émancipation succède à l'autre, une barrière doit tomber après l'autre.

Il n'est ni nécessaire ni juste de voir cela d'un mauvais œil. Là, où nos contemporains font preuve d'intérêt, où leur effort est vivant, on peut espérer de nouveaux progrès. Cet effort peut devenir le point de départ de bonnes choses, s'il n'est pas bon en soi, ni mauvais d'ailleurs, et si le soleil d'équité, au lieu de briller, est obscurci par la tempête de la passion. Un individu isolé, même le plus raisonnable, a déjà tant de peine à être juste. Dans une foule, où la suggestion réciproque influe tellement sur les sentiments, la justice est presque impossible. On ne s'en prend pas à l'école seule et à l'éducation habituelle, mais on attaque néanmoins l'école avec un amour tout particulier, qui équivaut à une haine toute spéciale. On va même jusqu'à « célébrer la haine de l'école » comme un grand sentiment qui domine notre époque. On s'en sert pour prouver combien l'organisation de nos écoles est épouvantable.

C'est une vieille coutume aussi que de rendre l'école responsable de tous les défauts que l'on relève dans l'humanité en formation ou déjà formée. On met sur son compte la sauvagerie comme l'indifférence, la faiblesse de volonté et l'indécision comme la présomption, la criminalité, l'irréligion, la décadence, toutes les incapacités personnelles, toutes les crises de civilisation. On rappelle de toutes parts l'école au devoir, et l'on veut lui imposer toujours de nouvelles obligations, grandes ou petites, sérieuses ou ridicules. L'un des adversaires les plus passionnés peut, sur ce point, servir de preuve : « Pas assez de sens artistique ? Alors, enseignez l'art à l'école ! L'école ne peut pourtant pas réussir à se charger de tout. Pourquoi pas ? Il y a encore beaucoup de place dans les programmes. A quoi bon inscrire quelque chose au programme si l'on ne peut s'en occuper ? Que le diable emporte les professeurs ! » Et plus loin : « Si un économiste calcule que trop de champignons pourrissent dans les bois : l'école ; des leçons sur les champignons. La culture des fruits pourrait rapporter davantage ? L'école. Des leçons sur les arbres fruitiers. Les élections sont mauvaises ? Des leçons sur la question sociale. L'impudence devient chaque jour plus grande? Des leçons sur l'impudence. » Tout cela n'est pas inventé, mais emprunté à la réalité et pourrait d'ailleurs être complété par une série d'autres revendications. Elles ne seraient pas toutes aussi inoffensives que celle qu'on émit, il y a quelques années, dans une Commission du Parlement anglais : « On trouve si peu de gens qui sachent faire proprement une lampe : qu'on inscrive une ou deux heures, cela suffit, dans les programmes scolaires sur la manière de faire les lampes. »

On prend là bien au sérieux des bagatelles. En échange, les choses les plus élevées doivent s'abaisser, pénétrer par la voie des programmes dans la vie quotidienne, l'idéal doit devenir réalité, et les choses les plus diverses se laisser embrasser d'un seul coup. Ou bien, que le diable emporte les professeurs, pour parler comme notre critique de tout à l'heure.

Mais trêve de plaisanteries. Revenons à l'étude des propositions faites, non pas de toutes et en détail, ce qui serait impossible en peu d'espace, mais des points essentiels. Tâchons avant tout, au milieu des bizarreries et des exagérations, de démêler les tendances ayant quelque valeur et les améliorations possibles. Que les passionnés plaisantent à leur guise les gens sensés et calmes, et les partisans d'une idée ceux qui ne marchent ni avec eux ni contre eux; en réalité, la question ne pourra faire de progrès que si l'on pèse tranquillement le pour et le contre. Certainement, notre système scolaire, tel qu'il s'est formé peu à peu, n'est ni fait pour exister éternellement, ni destiné à cela. A bien des égards, des changements profonds seront nécessaires, plus profonds que ne l'imaginent la plupart des professeurs actuels. Mais si l'on voulait tout bouleverser d'un coup, les résultats seraient encore beaucoup plus mauvais que dans une révolution politique. Améliorer ce qui existe, faire ici et là de grands changements, telle sera sans doute la véritable solution qui, dans le domaine spirituel, répondra le mieux à « l'évolution » de la nature.

CHAPITRE XII.

Surmenage et oppression.

Il a été déjà question plus haut du surmenage des élèves. Bien loin d'être nouvelles, les plaintes de ce genre ont de tout temps accompagné les études scolaires. Elles datent au moins des derniers temps de la Grèce, où il existait déjà un ensemble de connaissances que devaient s'assimiler les fils des hautes classes. Chez nous, elles furent très vives vers 1830, se calmèrent un peu ou cessèrent, mais elles reprirent à nouveau dans les années qui suivirent la guerre franco-allemande. Elles n'ont pas cessé depuis, bien que — comme nous l'avons déjà dit — les exigences des programmes et des examens aient graduellement et considérablement diminué.

On répond à cela que cette diminution est plus que compensée par la précision et par la sévérité des examens actuels. On fait remarquer que tous les professeurs examinent et contrôlent avec la même rigueur, tandis que jadis, au contraire, il y avait quelques matières essentielles prises très au sérieux et des matières accessoires considérées plutôt comme un jeu. Et peut-être y a-t-il du vrai. Mais la principale de ces plaintes incessantes n'est pas le poids de la tâche, mais la force dont on dispose et le désir qu'on éprouve de la supporter.

Il n'est point nécessaire de revenir sur l'abaissement de la force nerveuse moyenne des parents et des enfants d'aujourd'hui, sur l'action de la vie actuelle et de ses effets irritants et débilitants, ni sur la rapidité toujours plus grande avec laquelle on se fatigue. Mais il ne faut pas oublier que le désir et le plaisir de travailler, qui étaient évidemment très grands dans les générations antérieures, ont certainement diminué. La joie de savoir et d'apprendre les choses intellectuelles, qui à un moment donné remplissait l'âme des jeunes gens des peuples jeunes, s'est éteinte peu à peu. Il n'y a là rien que de très naturel. On conçoit bien qu'une réaction s'opère, et qu'on éprouve le désir de revenir à une vie plus libre avec ses amusements et ses rêves, son insouciance et sa fraîcheur. Plus les hommes mûrs sont énervés et las, plus est vif leur désir d'assurer aux enfants une vie comportant aussi peu de contrainte, d'entraves et de difficultés que possible. L'un des écrivains à qui nous avons affaire ici déclarait récemment que plus d'un homme d'aujourd'hui souhaitait la mort afin de pouvoir se reposer tout son saoul; il est bien dans le même ordre de sentiments que les parents souhaitent pour la vie nouvelle, celle des enfants, plus de repos, de mesure et d'harmonie. On fait bon marché pour le quart d'heure de toute la civilisation supérieure acquise à grand'peine. On l'échangerait volontiers contre la santé toute simple, et une existence naïve et joyeuse. Ce sont des besoins nouveaux, une nouvelle mentalité qui s'expriment dans ces plaintes sur le surmenage, posent à l'organisation de l'instruction de nouveaux et difficiles problèmes. Pour les résoudre, une simple soustraction ou une simple division ne suffiront pas.

Mais on a fait entendre des plaintes plus modernes. On se plaint de l'oppression de l'école en elle-même, du devoir qui pèse presque sans interruption, et qui tous les jours, presque à tous les instants, enchaîne et enserre la vie personnelle. Sans aucun doute, on a éprouvé jadis cette contrainte, tout comme aujourd'hui. Mais pas aussi douloureusement. Car sous ce rapport aussi, la vie intérieure s'est transformée. On dressait la jeunesse d'autrefois à la dépendance, au renoncement et à la soumission plus que celle d'aujourd'hui. Toute la vie n'était-elle pas plus pénible, plus étroite? Si les jeunes gens manifestaient leur déplaisir à rester tranquillement assis, à écouter et à apprendre, on tançait aussitôt leurs mauvaises façons. Les adultes eux-mêmes ne mettaient pas en doute la valeur de l'organisation traditionnelle. Ils avaient franchi ce défilé, — de gré ou de force, — c'était maintenant le tour de la jeunesse. D'ailleurs, cette contrainte de la discipline et de l'école n'étouffait nullement la gaieté de la jeunesse, qui au contraire, à certains moments, éclatait d'autant plus violemment qu'elle avait été plus comprimée. Les malheureux élèves des couvents du Moyen âge, destinés depuis l'enfance à porter la robe de moine, lorsqu'ils avaient les quelques jours de liberté qu'on leur accordait dans toute l'année, s'amusaient follement, se faisaient entre eux (et même à leur vénérable entourage) des farces énormes, qui étaient les meilleures preuves de l'indestructible gaieté de la jeunesse. De plus, les élèves avaient d'autant plus de plaisir à acquérir du savoir qu'ils connaissaient moins le monde au delà des livres, que les nerfs — comme nous l'avons déjà dit — étaient plus résistants, et surtout que la susceptibilité était moins grande.

Il n'est pas facile aujourd'hui de faire, dans les sentiments de répulsion qu'inspirent à la jeunesse le devoir et la discipline, le départ entre ceux qui lui sont suggérés par les tendances diverses d'émancipation des adultes et ceux qu'elle a d'elle-même. Il se peut que cette dernière part ne soit pas mince. On est évidemment devenu beaucoup plus sensible aux blâmes, aux moindres punitions, à toute attitude non sympathique des professeurs, et le besoin de liberté qu'éprouvent les jeunes générations semble en quelque mesure une réaction contre la compression des générations antérieures (tout comme à de certaines époques une nation se repose du travail intellectuel qu'ont fourni les hommes des époques antérieures).

Actuellement, il n'y a sans doute que bien peu

d'élèves dans les écoles secondaires chez qui le sentiment de la contrainte et du devoir, divers et incessant, soit racheté par la satisfaction que leurs progrès intellectuels leur procurent. On ne connaît plus la joie naïve de savoir (tout au plus d'en savoir plus long que d'autres), ni celle de recevoir de nombreuses impressions diverses et changeantes. Et ces natures particulières, ces enfants désireux d'apprendre, on les considère volontiers comme anormaux ou même inférieurs.

Mais, au total, il faut prendre cette horreur de la vie scolaire telle qu'elle est. Elle repose avant tout, dans bien des cas, sur les difficultés matérielles croissantes, comme elles se présentent en particulier dans nos grandes villes, mais encore plus sur des difficultés intérieures. De même que les élèves n'éprouvant pas ce sentiment de répulsion ne forment qu'une minorité, de même il n'est donné qu'à une minorité de professeurs d'être constamment si entraînants et vivants qu'ils triomphent de cette répulsion.

Que faut-il souhaiter pour l'avenir à cet égard? Que faut-il — puisqu'aussi bien les désirs ne comptent guère — réclamer et s'efforcer d'atteindre? Car si l'on s'affranchit de la tradition historique, il faut bien ne pas se laisser entraîner trop loin. Rester assis, immobile, faire par ordre continûment attention, faire toujours des devoirs imposés, tout cela n'est pas la forme nécessaire du développement et de la formation des enfants, et n'est pas par conséquent la meilleure. Mais vraiment il est un peu trop simple d'affirmer, comme on l'entendait souvent faire récemment, qu'il suffit simplement, pour être dans le vrai, de prendre tout juste le contre-pied de ce qui se faisait jusqu'à ce jour. De telles affirmations sont dignes d'une femme nerveuse[1] à qui beaucoup d'hommes, qui veulent marcher avec leur temps et ne pas avoir l'air d'être enfermés dans la tradition, font actuellement fête.

Selon ses idées, il faut que toute contrainte disparaisse, ainsi que toute passivité et toute réceptivité pure, et que la notion du devoir n'existe plus.

1. M. Münch fait allusion aux ouvrages d'Ellen Key, notamment à son livre : *Le Siècle de l'enfant*, où elle accuse l'école de ne tenir aucun compte du tempérament des enfants, de les martyriser en leur imposant une vie qui ne leur convient pas, et d'entasser dans leurs esprits des connaissances dont ils n'ont que faire. Elle ajoute, en effet, qu'il suffirait de prendre le contre-pied de ce qui se fait actuellement pour trouver le bon chemin. (*Note du traducteur.*)

Comme s'il ne s'agissait pas d'incorporer les jeunes individus dans le grand organisme social, de les amener à comprendre le monde civilisé, de faire d'eux des membres utiles et capables d'obéir, toutes choses qui exigent que l'on maîtrise une foule d'impulsions naturelles.

Le devoir et la contrainte doivent exister, ne serait-ce que pour permettre d'acquérir le bagage nécessaire, pour habituer au dévouement, à l'endurance, au sérieux de la vie. Si l'on prétend que ce qui en ce sens est nécessaire se trouvera plus tard de soi-même ou pourra être facilement acquis, c'est, pour le moins, se duper soi-même. Mais il n'en est pas moins vrai qu'il doit être possible d'atténuer cette contrainte et le sentiment qu'on en a, car on sauvegarde ainsi la grâce et la fraîcheur dans la période suivante de la vie. Car notre nation en a besoin : ce ne sont pas les philistins desséchés qui nous font défaut.

Or, les moyens les plus susceptibles de diminuer cette contrainte, ce sont surtout des moyens intérieurs, des transformations dans l'organisation actuelle de l'enseignement, ainsi que dans les rapports personnels entre élèves et professeurs. Il est bien certain qu'il faut défendre les professeurs contre les jugements grossiers de ceux qui leur reprochent l'indifférence à l'égard de leurs élèves, leur moralité peu scrupuleuse, ou leur dureté et leur cruauté. Mais il n'est pas moins vrai, — est-il besoin de le répéter ? — que la lente évolution de notre corps de professeurs et de la vie scolaire, et, d'autre part, les rapports entre professeurs et élèves laissent à désirer. Il manque encore souvent la chaleur nécessaire et le véritable désir de prendre contact avec chacun de ceux-ci.

Pendant tout le dix-neuvième siècle, les idéals pédagogiques, en tant que tels, n'ont pas provoqué un grand enthousiasme justement dans les milieux secondaires. Ils ont cédé le pas aux questions d'humanités et de philologie, et ont été en quelque sorte absorbés par elles. Maintenant encore, on rencontre une certaine hostilité contre tous les problèmes pédagogiques. Il existe encore des gymnases où la bibliothèque des professeurs ne renferme pas un seul ouvrage de pédagogie ni une revue pédagogique à côté de tant d'autres revues spéciales. Si la lecture des ouvrages pédagogiques ne garantit nullement la possession de l'art de l'éducation, la confiance en un tact instinctif en cette matière peut bien être une illusion. Dans la pratique on ne sort guère des formes et catégories traditionnelles. Les études spéciales faites à l'Université et poursuivies dans la suite font, bien souvent, qu'on perd l'intérêt pour toutes les choses humaines et vivantes. Il ne faut pas oublier non plus que de nombreux professeurs, peut-être la majorité d'entre eux, sont entrés dans cette carrière par goût des études et de la science, peut-être aussi par goût d'enseigner, beaucoup plutôt que par amour de la jeunesse et pour le plaisir de s'occuper d'elle. C'est la tradition. On ne fera pas disparaître toutes ces circonstances défavorables par de simples avertissements ou de simples plaintes. Il faudrait une transformation complète des conditions actuellement existantes dans le sens que nous avons déjà indiqué.

Un autre motif de ce sentiment de contrainte éprouvé par les élèves est ce fait que jusqu'à la fin des études on exige les mêmes choses de tous sans exception, malgré la différence des tempéraments et des goûts. C'est une question dont se sont préoccupés tous les pédagogues sérieux. Et lorsqu'ils se sont demandé si l'on devait être indulgent pour un talent très spécial et pour une faiblesse en une matière donnée, pour une prédilection ou une aversion particulière à l'égard de certaines matières, ils ont toujours répondu par la négative. Ils ont recommandé que l'on exigeât un intérêt égal pour toutes les matières, et cela avec de bonnes raisons que nous n'avons pas à citer ici. Mais la plupart d'entre eux n'ont certainement pas songé à toute la durée des études et à une application absolue de ce principe dans les années où l'élève devient un jeune homme. Des psychologues étrangers modernes ont nettement déclaré qu'à l'âge de seize ans, le jeune homme a besoin de se fixer à lui-même un but ou du moins de choisir entre les diverses activités possibles, de jeter un regard vers l'avenir et de songer même à une sphère particulière d'activité. L'expérience et l'observation personnelles permettent de confirmer cette déclaration.

Les autorités scolaires ne méconnaissent d'ailleurs plus ces faits. On considère qu'il serait possible et souhaitable de laisser aux élèves des trois dernières années de nos établissements secondaires une certaine liberté de choisir entre les matières enseignées. Et déjà les premiers pas ont été faits afin que cette idée ne restât pas platonique, mais fût réalisée.

Il faudrait avoir le courage de pousser les essais encore plus loin. L'idéal de la « culture générale », au sens de l'universalité du savoir et du pouvoir, et en tant qu'idéal imposable à tous, ne compte plus beaucoup de partisans. D'ailleurs, un idéal qui n'est conçu que par les dirigeants, et doit être imposé à ceux qui le reçoivent, prend, dès l'abord, un caractère bien peu idéal. Cela n'implique nullement une spécialisation hâtive, une limitation regrettable des occupations futures. Qu'on ne parle pas aussitôt d'utilitarisme ou de philistinisme, comme le font si volontiers nos pédagogues classiques, sans remarquer qu'il y a de l'étroitesse et de la routine justement là où l'on pense en être bien affranchi. Si l'on n'éprouve pas de plaisir à l'étude, si on ne l'entreprend pas de bon cœur, sans une certaine gaieté, aucun travail n'est profitable. Il n'y a plus que du façonnage, du dressage, qui ne sont pas une compensation suffisante.

Comment réaliser cette innovation? On reçoit parfois des reproches lorsqu'on propose des changements de principe sans donner aussitôt les indications nécessaires à leur exécution. Et pourtant, il est rare que le système proposé par un individu seul soit celui qui obtiendra l'approbation officielle, et ces indications nuisent souvent à la réalisation au lieu de la servir. Cette idée est devenue familière à tant de personnes qu'elle ne pourra plus être longtemps ignorée, ni dans la théorie, ni dans la pratique.

Certes, il n'est pas indifférent que cette contrainte perpétuelle du devoir amène certains élèves à recourir à des moyens illicites et à toutes sortes de tromperies. Il n'est pas indifférent non plus que cette attitude semble aux parents une tactique de défense toute naturelle chez la jeunesse qui a besoin de liberté, qu'ils l'excusent ou même la favorisent. Et chacun sait qu'il en est souvent ainsi. Il est vrai, assurément, que ces petites malhonnêtetés de la jeunesse scolaire n'entraînent pas nécessairement l'habitude de mentir et de tromper. Lorsqu'il aura plus de liberté, un sentiment plus haut de sa personnalité, la notion plus nette de la portée de ses actes, l'enfant acquerra d'autres dispositions et d'autres habitudes. Il arrive même qu'un élève ne mente jamais à la maison, alors qu'à l'école il fait comme les autres. Mais il n'en est pas moins vrai qu'on ne peut considérer que cet état de choses et les tentations qu'il comporte soient sans importance. Certains enfants apprennent là à devenir de mauvais sujets. Même si les dispositions innées existaient déjà, toute occasion de les favoriser est un mal. Il n'est pas tout à fait exact, comme Rousseau l'a dit, et comme les protestataires actuels le proclament plus haut encore, que les mensonges des élèves soient provoqués uniquement par les fautes des éducateurs et des professeurs. En réalité, c'est un défaut presque naturel chez l'enfant. Mais il n'en est pas moins vrai que de mauvaises mesures pédagogiques font naître de la duplicité chez beaucoup d'enfants.

A ce point de vue d'ailleurs, les mêmes pratiques et les mêmes règles peuvent pousser soit vers le bien, soit vers le mal, selon que les rapports de l'élève avec son maître sont plus ou moins bons. Ce n'est pas une sévérité continue qui empêche toujours la confiance et la franchise de régner entre eux. Mais, hélas! ce n'est pas partout qu'on entretient des rapports tels qu'ils devraient être. Et ce sont surtout les élèves des classes supérieures qui ont absolument besoin d'une liberté suffisante, si l'on ne veut pas nuire à la formation de leur caractère. En tout cas, il n'y a qu'une faible minorité d'élèves qui, expressément prédestinés à une carrière scientifique, emportent de leurs années d'école des résultats positifs et continuent à progresser dans le sens du bien.

CHAPITRE XIII.

La vérité sur les élèves modèles.

Nous avons maintenant à parler d'une autre question qui a été dans ces derniers temps souvent discutée. On dit beaucoup de mal de nos élèves modèles. On se plaît évidemment à affirmer la faillite certaine de ces meilleurs produits de notre système scolaire. Ce qui autrefois n'était qu'un mécontentement dans le monde des élèves médiocres a visiblement gagné le grand public. « Celui-ci, d'ailleurs, a de tout temps préféré la turbulence et l'irrégularité chez la jeunesse à la plus belle vertu, parce qu'on y voit un indice d'originalité, et parce que le public se sent des affinités avec ces types de bons vivants. » On a vu, en effet, tant d'élèves modèles échouer dans la vie ou tomber dans la médiocrité, on a si souvent dit que des grands hommes furent mauvais élèves, que l'un des critiques les plus passionnés de notre système scolaire a pu émettre cette théorie, à laquelle se rallient volontiers de nombreux esprits faibles, que les élèves les mieux doués sont à l'école nécessairement les moins favorisés en raison de son organisation défectueuse. Tous ceux qui s'y distinguent, dit-on, ne sont que des êtres inférieurs. On cite toujours Liebig, Alexandre de Humboldt et quelques autres (on pourrait, en effet, ajouter un certain nombre de célébrités), non seulement comme exemples, mais encore comme preuves. Récemment, un journal a même invité les défenseurs de l'école à citer quelques cas où de bons élèves sont devenus plus tard des personnalités de valeur. Il ne serait pas difficile de répondre à ce désir.

Disons-le tout de suite, la très grande majorité des hommes qui dans la vie se sont distingués par des œuvres importantes ont été, soit tout le temps, soit au moins dans la dernière et décisive période des études, de bons ou de très bons élèves. Peut-être est-ce plus fréquent en France que chez nous. (Car on lit dans la biographie de presque tous les hommes devenus célèbres qu'ils avaient fait de brillantes études, c'est-à-dire bien réussi dans les classes secondaires.) Mais, chez nous aus , c'est la règle. Un professeur isolé a pu sans doute suivre le développement des bacheliers de son établissement pendant trente-cinq ou quarante ans, réunir et comparer les résultats. Beaucoup d'autres auraient pu le faire et seraient arrivés, selon toute vraisemblance, à la conclusion que nous indiquons.

Nous ne parlons pas des élèves modèles dans le sens d'une « sagesse » continuelle, d'une obéissance constante, d'une ardeur égale pour toutes les matières. Il se peut que ceux-là soient souvent des natures faibles, sans originalité, anxieuses, dont l'application fait illusion sur leur capacité. Il se peut aussi, qu'après s'être abandonnés toujours à la volonté et aux décisions d'autrui, ils ne supportent pas dans la suite la liberté. Certains d'entre eux (peut-être la majorité) deviennent cependant plus tard des citoyens aussi respectables et estimables qu'ils étaient bons élèves. Au demeurant, c'est moins de cela que s'occupe la critique actuelle que de ceux qui, à l'école, étaient les premiers et les plus récompensés. Certes, ce ne sont pas nécessairement les plus originaux ni les mieux doués. Une éducation scolaire est, par nature même, une éducation en commun. Les natures originales sont désavantagées. Pour elles, d'autres organisations sont souhaitables. Il n'est déjà pas très bon que, lorsque de nombreux élèves sont réunis dans des conditions identiques, les qualités intellectuelles se mettent le mieux en lumière, que la mémoire donne plus de succès que l'imagination, et que les qualités de caractère n'aient point grande importance. Dans les bonnes écoles, bonnes au point de vue pédagogique, on tient compte de tout cela dans les distinctions et appréciations. Mais, en général, ces conditions mauvaises persistent et il est difficile de dire quelle amélioration l'avenir apportera.

Il faut bien reconnaître que le mérite d'une école ne consiste pas à fournir à la société un nombre suffisant de collaborateurs et aux diverses carrières des candidats bien préparés. A ce point de vue, nos écoles ont-elles fait une faillite aussi lamentable que le soutiennent les véhéments protestataires d'aujourd'hui ? Il est permis d'en douter.

Pour revenir aux génies méconnus à l'école, il faudrait se demander à quel moment de leurs études ils furent médiocres élèves, dans quelles conditions ils se trouvaient et quelle était leur préparation antérieure. Un Justus Liebig, par exemple, a fait preuve de cette médiocrité dans les années de transition. Chez Alexandre de Humboldt, ce dut être la même chose ainsi que chez beaucoup d'autres. Schiller lui-même, soit dit en passant, fut assez faible élève à cet âge où l'enfant devient jeune homme, ce qu'une croissance rapide peut fort bien expliquer. Combien de choses explique aussi le conflit entre les plans d'études exclusivement humanistes d'autrefois et le don inné des sciences exactes. Cet hébétement passager est en fait un phénomène bien connu de tous les pédagogues expérimentés. Il se produit justement chez les élèves d'un tempérament original et qui dans la suite deviendront des hommes supérieurs. Il est certain que trop souvent des professeurs à l'horizon étroit ont fait tort à de telles natures. Mais ils ne sont pas seuls coupables, parce que l'indifférence passagère et celle qui dure toujours ne se laissent pas facilement distinguer au prime abord. Les hommes de talent sauront s'en consoler plus tard, et il y en a aussi parmi eux qui ont tout simplement manqué d'application ou de bonne volonté, ou refusé de s'accoutumer au devoir. Il n'est pas vrai que le talent réussisse toujours à percer. Mais il est vrai que les natures de génie trouveront d'ordinaire en elles-mêmes les excitants efficaces pour leur développement intellectuel.

Il est vrai encore qu'ils ne peuvent être les types sur lesquels sera façonnée l'école, mais forment comme une classe à part que la société humaine — disons-le au risque d'être taxé de bourgeois — ne pourrait d'ailleurs pas supporter si elle devenait trop nombreuse. Eux mis à part, il reste donc établi qu'en règle générale les bons élèves des classes supérieures deviennent des hommes de bonne qualité, et que ceux qui s'y sont distingués se distinguent aussi dans la suite. Cela ne veut point dire que leur valeur dans la vie doive toujours correspondre aux places qu'ils avaient sur leurs bulletins scolaires. Il y en a un certain nombre qui ne se développent et n'atteignent leur maximum de valeur qu'après l'adolescence, et les conditions mêmes de la vie, selon qu'elles les favorisent ou les arrêtent, ont une grande importance.

CHAPITRE XIV.

Compositions et examens.

Toutes ces considérations nous amènent à étudier une double question : l'une générale et de principe, l'autre très précise et pratique. Toutes deux ont entre elles un rapport étroit. On part aujourd'hui en campagne contre les épreuves imposées aux élèves, les petites et les grandes, les compositions et les examens. Il faut, sans doute, reconnaître que les unes et les autres peuvent avoir dans l'organisation de l'enseignement une importance exagérée et qu'il sera toujours difficile de ne pas la leur laisser prendre. En réalité, dans nos écoles secondaires, il en est ainsi.

On a pendant trop longtemps contrôlé les progrès des élèves beaucoup plus par des épreuves écrites aussi précises que possible que par des interrogations orales. Ces épreuves écrites jouent encore dans beaucoup d'écoles un trop grand rôle. On peut dire aussitôt que cette prédominance dans ces écoles indique un retard pédagogique par rapport aux idées en cours actuellement. On mesure presque uniquement le développement des élèves par des exercices *ex tempore*[1] ou d'autres exercices écrits analogues. Celui qui fait le moins de fautes possible a le plus de mérite, approche le plus de l'idéal. On fait de la rédaction de ces exercices des heures d'excitation, de souci et d'angoisse. On n'accorde, en échange, pas d'importance à d'autres qualités ou capacités. Tout cela est pédagogiquement aussi mauvais qu'humainement inutile. On peut, en effet, leur

---

1. Exercice encore très en honneur dans les lycées allemands. Le professeur dicte, par exemple, un texte latin que les élèves doivent traduire sous la dictée, un problème à faire séance tenante, etc... Comme ces exercices portent sur les choses vues en dernier lieu, les professeurs y attachent le plus grand prix. Ils reviennent assez souvent et représentent pour les élèves allemands des épreuves excessivement pénibles et inquiétantes, car elles les obligent à de dures revisions et c'est de ces exercices que dépend leur passage dans la classe supérieure. Toutefois, un récent décret de novembre 1911 vient d'en restreindre singulièrement l'emploi, ce qui répond au vœu exprimé par M. Münch un peu plus loin. (*Note du traducteur.*)

faire faire ces travaux ou d'autres analogues, sans provoquer ce sentiment pénible. Et il faut espérer que les idées justes sur ce point et les bonnes coutumes se répandront de plus en plus.

En tout cas, ces épreuves ne doivent pas se multiplier trop et celles des différentes matières ne pas s'entremêler. Un esprit calme et reposé est la condition fondamentale de la véritable étude, de celle qui ne détruira pas la santé intérieure. Car, pour le dire en passant, le véritable effort intellectuel, bien loin de nuire à la santé générale, sert, à sa manière, éminemment à la maintenir. Les efforts physiques ne sont pas seuls à avoir une valeur hygiénique; les efforts intellectuels l'ont aussi en ce sens. C'est là une opinion qu'on exprime à peine aujourd'hui et que le grand public admettra difficilement. Elle est juste néanmoins, et de profonds pédagogues des temps passés l'ont fort bien su. Il n'est pas difficile de se rendre compte combien la vie nerveuse de ceux qui ne se contraignent pas assez comporte de désordre et de malaise. Il n'y a de l'excitation et de la tension que là où l'ambition personnelle est le ressort de l'effort intellectuel et du progrès. Ce n'est pas à cela qu'on doit viser dans les classes allemandes, malgré l'exemple des classes françaises, où l'émulation semble être le principe fondamental.

Nos grands examens diffèrent de ceux de l'étranger. Il ne s'agit pas d'arriver le plus loin possible, de distancer le plus de concurrents possible, mais d'atteindre, en même temps que beaucoup de camarades, un niveau général estimé nécessaire. On ne donne pas de prix à celui qui sait et réussit le mieux, mais on impose une tâche générale identique et des obligations identiques, qui ne semblent pas au-dessus de forces moyennes. Ce ne sont pas des étrangers, des savants de l'Université qui font subir les examens, mais les maîtres qu'on vient d'avoir, dont l'opinion sur la valeur des candidats, qu'ils connaissent depuis longtemps, a plus de poids peut-être que le résultat de l'examen lui-même.

Je sais bien qu'on affirme que nos examens deviennent, tous les ans, plus difficiles. On attribue cela au plaisir cruel de ceux qui les font passer, ou bien à leur savoir toujours accru, peut-être aussi à l'effet des connaissances scientifiques toujours plus étendues, à la différenciation des sciences, à l'augmentation constante des faits dignes d'être connus, en particulier pour l'histoire, qui naturellement progresse sans cesse et enregistre tous les ans de nouveaux événements importants. Mais c'est là une opinion très erronée et datant des époques passées. On ne transmet pas dans les écoles secondaires tout le savoir de notre époque et l'on ne demande pas aux élèves de l'acquérir. En réalité, ce n'est qu'un choix très limité de connaissances, appropriées aux besoins et aux forces présumées des élèves, et ayant une valeur éducative, qui trouve place dans les programmes même des classes supérieures. Lorsqu'on y ajoute quelque chose, il va de soi qu'on retranche ou abrège d'autres parties.

Mais il y a plus. En fait, on est beaucoup moins exigeant dans les gymnases prussiens pour les examens et en particulier pour l'examen de maturité (baccalauréat). Depuis le commencement du dix-neuvième siècle (1816), on a considérablement diminué et simplifié à plusieurs époques, surtout en 1890.

A l'aide des instructions relatives aux examens, il serait facile de le prouver à quiconque voudrait bien entendre raison.

Ou bien la préparation même des examens est-elle plus sévère qu'autrefois, alors que le niveau en est plus bas? Il n'en est certainement pas ainsi. Tous ceux qui ont eux-mêmes connu des époques antérieures, et peuvent comparer leurs expériences d'alors avec celles d'aujourd'hui, pourront en faire foi. On ne peut pas sans doute exiger de tout le monde qu'avant de formuler un jugement, on ait vécu un demi-siècle d'histoire, et fait toujours preuve de conscience et de clairvoyance. Mais dans ce cas, le jugement serait certainement plus sûr.

Sous un certain rapport, il se peut que nos examens soient plus difficiles que dans les pays voisins, où la préparation peut se limiter à des matières nettement arrêtées, qu'il faut connaître dans tous les détails. Nous, nous avons toujours dédaigné ce procédé, car la préparation ressemble fort à du gavage. Or, nous ne voulons pas gaver, mais cultiver, et nous avons choisi à cette fin des formes plus libres, même dans les examens. D'ailleurs, pour compléter une remarque antérieure, nous pouvons encore faire observer que le pourcentage des candidats qui échouent à nos examens est très faible. Et le nombre de ceux à qui on recommande d'avance d'y renoncer est également très petit.

On n'en élève pas moins d'immenses plaintes précisément contre l'examen de maturité[1] et, en passant, contre tous les examens qu'on rencontre dans la carrière universitaire. C'est là que les clameurs relatives à la contrainte intolérable exercée par l'école atteignent leur maximum. L'angoisse, le sentiment d'oppression et la mauvaise humeur arrivent à un tel degré que l'on réclame de toutes parts la suppression de tous les examens et en particulier de l'examen de maturité. On s'imagine que l'on fera disparaître le malaise et l'oppression. On espère que les progrès se feront et que les connaissances seront acquises quand même. On dit que les professeurs doivent bien, même sans examen, savoir où en sont leurs élèves. Mais il ne faudrait tout de

---

[1]. L'examen de maturité ou de fin d'études correspond en gros à notre baccalauréat. Mais il porte, à l'écrit comme à l'oral, sur toutes les matières du programme sans exception. De plus, il se passe devant les professeurs de l'établissement sous la présidence d'un commissaire du gouvernement. Les notes obtenues pendant l'année comptent dans une certaine mesure. Il a été souvent proposé de substituer ce système à notre baccalauréat. (*Note du traducteur.*)

même pas oublier que, pendant un certain temps, ces examens n'existèrent pas et qu'il y a à peine cent ans de cela. Or, à ce moment, on se plaignait tellement des résultats incertains, inégaux et souvent insuffisants de l'école, que c'est précisément pour cette raison qu'on a institué les examens. On l'a fait autant dans l'intérêt de bonnes études à l'Université que dans l'intérêt des jeunes gens eux-mêmes, qui se faisaient si souvent illusion sur ce qu'ils savaient et pouvaient. Il n'est pas douteux qu'aujourd'hui, où d'autres habitudes ont été prises, la disparition des examens serait très nuisible. Qu'on n'oublie pas non plus, puisqu'aussi bien ces examens confèrent des honneurs et des droits officiels, que, sans ce contrôle précis, on aurait moins de garantie contre le favoritisme.

Une autre considération est encore plus importante. Pour le travailleur, une concentration soutenue et complète de ses forces, faite de temps à autre, est un bon exercice pour la volonté. Une certaine somme de connaissances (on se fait volontiers illusion aujourd'hui sur la possibilité de s'en passer) ne peut, en général, être acquise que sous la contrainte d'une forte obligation. Il faudra donc beaucoup plutôt s'efforcer d'approcher l'organisation et le fonctionnement des examens de leur idéal que les supprimer. Il faudra avant tout, comme nous l'avons déjà indiqué plus haut, tenir compte des résultats positifs obtenus plutôt que des lacunes existant encore, du jugement plutôt que de la mémoire, du travail personnel plutôt que de ce qui a été simplement emmagasiné.

Au reste, c'est de cette façon que tous les examinateurs intelligents *veulent* aujourd'hui examiner. Ce qu'on dit de leur mesquinerie et de leur implacabilité est très populaire, mais le plus souvent faux. Et si les romanciers introduisent dans leurs œuvres des chapitres émouvants sur cette cruauté et les tourments terribles qu'elle cause, ces chapitres peuvent être de bonnes analyses psychologiques et vrais pour certaines natures ; ce n'est pas une raison pour les considérer comme des peintures exactes de la réalité. A côté de ces malheureux innocents (car il y en a), il ne manque pas de candidats que les époques d'examens effraient simplement, parce qu'à d'autres moments ils n'ont pas su faire preuve de sérieux et que, entraînés peut-être par l'esprit superficiel de leur entourage, ils se sont adonnés trop tôt aux plaisirs. Maintenir pour ces épuisés, ces enfants sans volonté, ces décadents, ces incapables, ces nerveux, les exigences prévues au total pour des enfants normaux, ce serait difficile et presque impossible. Mais vouloir, à cause d'eux, renoncer à ces grandes et sérieuses épreuves de la volonté et du savoir, c'est à quoi les autorités ne sauraient se résoudre.

Réformons donc les examens partout où ils sont susceptibles d'amélioration et de perfectionnement, mais ne les supprimons pas comme une institution mauvaise.

CHAPITRE XV.

Liberté et individualité.

Mais, derrière ces souhaits, il y a toute une théorie, une conviction nouvelle qui semble gagner du terrain tous les jours, dont il faut absolument que nous nous occupions. Il ne s'agit plus des examens seuls, mais de toute l'école, de toute l'éducation telle qu'elle s'est faite au cours de nos siècles de civilisation. On soutient que la haute valeur humaine se révèle lorsque la jeunesse peut se développer en toute liberté. C'est en réalité le centre du mouvement actuel, tel qu'il apparaît chez ses défenseurs les plus hardis. C'est la flamme vive qui les éclaire et les enthousiasme. Et réellement elle renferme une grande et belle vérité, ou du moins l'indique.

Il est vrai que toute l'éducation, depuis la fin de l'époque grecque, surtout au Moyen âge et même depuis dans presque tous les pays, n'a jamais concilié le développement des jeunes individualités avec la soumission, la limitation, l'égalisation de ces mêmes individualités, ni avec l'influence de certaines conquêtes de la civilisation. On n'a favorisé ce développement personnel, à certaines périodes, que dans certains détails relativement extérieurs, comme les arts chevaleresques, ou l'habileté rhétorique et dialectique, et cela non sans beaucoup de dressage. Le côté plus intérieur du libre développement personnel a été presque toujours négligé. Il y a là, pour nos écoles et pour celles de l'avenir, une grande tâche à remplir.

Rien ne peut sembler plus noble, à des professeurs qui méprisent la routine ou à tous les pédagogues sérieux, que de préparer l'accomplissement de cette tâche. Toute foi en un idéal nouveau est belle, lorsqu'elle devient le point de départ de grands efforts. Mais il arrive aussi trop souvent qu'on s'enivre de beaux rêves, de paroles ardentes ou de vagues notions révolutionnaires. La jeunesse y est disposée, et qui voudrait l'en blâmer? Toutes les féministes aiment à proclamer des idées bien hardies, et qui donc réussirait à les faire changer d'avis? C'est ainsi que retentissent, toujours plus assourdissantes, les clameurs de ceux qui veulent écarter toutes les entraves et toutes les influences susceptibles de gêner le développement de l'enfant. Car elles ne peuvent que lui nuire, dit-on, et c'est à la condition qu'on les écarte qu'il atteindra le maximum de sa valeur. Pour d'aucuns, c'est « le plus grand de tous les crimes » que de le gêner ainsi, et l'on parle de « massacres des âmes » dans l'éducation actuelle avec une assurance que n'a jamais surpassée n'importe quel prophète d'une vérité nouvelle. De telles exagérations sont la rançon du mépris qu'on a eu soi-même pour la pédagogie à l'Université, cette science que l'on ne jugeait pas digne d'y être régulièrement cultivée à côté des autres.

Quand on envisage la question de l'éducation dans son ensemble et qu'on connaît les idées des meilleurs pédagogues, ainsi que les tentatives et les expériences faites au cours des siècles, personne ne peut nier que la tâche de l'éducateur ne comprenne trois parties : faciliter le développement, réagir contre les mauvais instincts et transmettre des connaissances. Chacune de ces parties demande un certain nombre de moyens et procédés déterminés. Chacune d'elles peut ou prendre trop d'importance ou n'en avoir pas assez. Leur proportion varie, d'ailleurs, suivant la nature, l'âge, la destination et les conditions de chaque élève. Mais on ne peut en écarter aucune sans manquer le but de l'éducation. On peut bien vouloir se borner à l'une des trois fonctions, soit par passion, soit par haine des abus dont on a souffert autrefois, mais la réflexion calme ne le fait pas. Et ne vaut-il pas mieux fonder sur la réflexion une entreprise aussi importante que l'éducation?

Qu'on laisse, pour essayer, grandir une génération sans cette action restrictive et nivelante. Ou plutôt qu'on ne le fasse à aucun prix. Rousseau croyait à la bonté foncière de la nature humaine que, seule, une mauvaise éducation première avait corrompue. Mais cela ne l'empêchait pas de tenir pour nécessaires certains moyens artificiels et bien ordonnés d'agir sur les enfants, sans oublier, d'ailleurs, que, de son propre aveu, il n'avait pas exposé son système pour qu'il fût imité. Les nouveaux prophètes (et prophétesses) dépassent Rousseau de beaucoup. Les véritables grandes vérités, qu'on lui sera toujours reconnaissant d'avoir proclamées, tendent à défendre les droits de l'enfance et de la jeunesse contre les abus d'autorité des adultes, à lutter contre tous les torts faits à la saine nature par la civilisation, et à proclamer la force et le droit du développement spontané de la jeunesse. Mais Rousseau ne va pas jusqu'à croire que si on ne gêne pas et n'influence pas ce développement, il sortira une foule d'individualités de valeur. Or, c'est précisément là l'opinion qu'on rencontre si souvent à l'heure actuelle.

Assurément, il est très compréhensible qu'à notre époque, où l'on sent combien la culture commune à tant de gens a pour effet le nivellement de tous, on ait la nostalgie des individualités et considère comme une grande tâche de les cultiver. Ne faut-il pas le faire pour atteindre une diversité qui est, en soi, très supérieure à l'uniformité, car elle distingue les produits de la nature de ceux que fabriquent les hommes? Ne faut-il pas le faire aussi pour que les enfants ne manquent pas d'une véritable personnalité et que chacun possède dans son genre une sorte de capital foncier inaliénable? Et surtout pour que la vie sociale devienne toujours plus riche et progresse toujours?

Mais on ne s'en tient pas à de semblables revendications. Ce qu'on veut, ce sont des personnalités entières, sûres, sérieuses, ou des caractères solidement assis, bravant toutes les tempêtes, originaux. Voilà ce que doit fournir l'éducation, la future, la vraie. Pas moins. Et une éducation qui n'y réussit pas ne vaut rien. Mais ce qui est personnel n'a pas, en soi et par soi, nécessairement une grande valeur. Les dispositions individuelles, qui en tant que telles ne manquent à aucun être humain, peuvent tendre au mal comme au bien. Si à l'origine elles sont neutres, ni bonnes ni mauvaises, elles tendent en se développant — même sans que l'éducation en soit responsable — non pas vers quelque chose de neutre, mais vers quelque chose qu'il faudra qualifier de bon ou de mauvais. Cultiver les germes favorables, ce n'est qu'une des tâches de l'éducation. Il faut aussi combattre et affaiblir certains instincts ou penchants, et s'approcher d'un type général. Tout cela avec mesure et proportion, mais jamais l'une des actions ne doit s'exercer à l'exclusion des autres. Il faut aussi que cette action s'exerce à des degrés différents d'intensité, selon la *valeur* des dispositions et penchants primitifs, mais non pas simplement parce qu'on prend plaisir à l'originalité en tant que telle, ou parce qu'on redoute l'ennui qui naît de l'uniformité. Les portraitistes actuels peuvent bien mettre le plus possible en lumière les traits individuels d'un visage, mépriser toute régularité, la maudire et la bannir le plus possible : c'est le goût de l'époque, qui est inoffensif et passager, si persuadé que l'on soit de sa supériorité sur les tendances antérieures. Mais lorsqu'on forme des types humains, il ne s'agit pas du goût des contemporains, mais de biens appartenant à toute l'humanité.

On glisse aisément, comme nous l'avons déjà dit, d'une revendication à l'autre. On veut que les hommes soient non seulement des individualités, mais encore des personnalités et des caractères. Jusqu'à présent, ceux à qui nous reconnaissons une qualité si haute, au sens déjà indiqué, sont une minorité. Allons-nous décréter tout simplement qu'ils devront dans l'avenir former la majorité et que le parfait sera tout juste assez bon pour nous? L'art humain va-t-il s'éle-

LIBERTÉ ET INDIVIDUALITÉ.   199

ver si haut que la noblesse d'âme devienne chose universelle? De tout temps l'éducation s'est efforcée de venir à bout des tâches les plus hardies et les plus ardues. Jadis, on proposait les saints en modèle (très différents d'ailleurs les uns des autres) et on tâchait de faire que la jeunesse les imitât le plus possible. Plus tard, ce fut simplement l'homme vraiment moral ou les membres parfaitement sains de l'organisme social, ou tout autre idéal quel que fût son nom. Mais, de tout temps, la majorité des hommes est demeurée au-dessous de ce niveau élevé que seuls quelques-uns purent atteindre. Donc, dans l'avenir aussi la formation de « personnalités » et de « caractères » restera l'idéal (comme elle le fut d'ailleurs de tout temps), mais non pas la tâche qu'il faudra absolument accomplir sous peine de vindicte publique. Il faudra bien se déclarer satisfait si beaucoup d'hommes ont une valeur personnelle et ne pas s'irriter si d'autres restent relativement semblables. A côté des officiers, il faut de simples soldats, et ce ne sont pas uniquement les premiers qui méritent qu'on s'intéresse à eux.

Disons-le donc encore une fois : l'éducation ne doit pas entraver le libre développement personnel; mais, sous prétexte d'aider, de laisser faire la nature, on ne doit pas oublier les corrections nécessaires. Disons-le aussi en passant, c'est dans les familles les plus aisées et les plus haut placées que, selon le caprice des parents, sévit le plus la coutume de faire aux enfants les défenses les plus fréquentes, de ne pas les laisser en repos, de les plier de force à certaines formes. Il y a là autant d'inintelligence que d'arbitraire et de légèreté. Les institutrices chargées de l'éducation surenchérissent encore largement sur les mamans. Protestons contre ces funestes habitudes, comme le font certains réformateurs. Mais une fausse éducation ne justifie pas la suppression de toute éducation. Il faut chercher le juste équilibre entre le laisser-faire et le dressage, comme entre les droits de l'originalité et les devoirs de l'adaptation. Il est impossible de fournir ici une recette universelle. L'éducation ne se pratique pas comme la cuisine. Elle est infiniment plus complexe et plus libre. C'est pourquoi aussi il ne faut pas croire en matière d'éducation à une panacée universelle, comme le font si aisément les dilettantes.

CHAPITRE XVI.

Santé. — Rapports avec la nature.

Il y a une foule d'autres points, où les réformateurs attaquent ce qui existe aujourd'hui, ou du moins ce qui continue à exister et n'a pas été amélioré. Ils déploient d'ailleurs une telle ardeur qu'on pourrait croire que jamais rien n'a été fait contre les abus qu'ils signalent. Ils ont conservé parfois des impressions des siècles passés ou le souvenir de circonstances particulièrement pénibles. Mais de nouveaux besoins se sont réellement fait sentir et de vieilles valeurs ont baissé. C'est un effet naturel de la nature humaine et de l'évolution. Nous ne voulons retenir ici que les principaux de ces vœux.

On nous répète à satiété depuis des années la formule : un esprit sain dans un corps sain. Je ne sais si elle représente pour ceux qui la prononcent quelque chose de bien clair et de bien exact. Est-ce à dire que lorsque le corps déborde de sève, le fondement nécessaire à la vie intérieure est assuré? Mais il n'en est pas ainsi. Il ne faudrait pas oublier d'autre part qu'une bonne santé morale et psychique a une influence salutaire sur la santé physique (où donc est la limite entre la santé morale et la santé physique?). Il ne peut donc pas suffire de renverser simplement les termes du rapport et de laisser essentiellement la jeunesse vivre en vue du développement et de l'endurance physiques, bien que, si l'on évite les excès, cette façon de faire soit susceptible de favoriser de précieuses qualités morales.

Si les enfants grecs passaient presque tout leur temps dans les arènes de luttes et de jeux et se contentaient d'apprendre un certain nombre de poésies et de connaître les grands poètes de leur pays, nous pouvons peut-être envier leur sort, mais non pas prendre exemple sur eux. Nous sommes forcés d'initier notre jeunesse à une civilisation infiniment plus complexe. Cette peinture n'est vraie, d'ailleurs, que pour les premiers siècles de la Grèce. De même l'éducation anglaise, à laquelle nous avons heureusement fait tant d'emprunts ces dernières années et en ferons, il faut l'espérer, encore bien d'autres, ne peut pas nous servir absolument de modèle ; elle présuppose d'autres conditions de bien-être national, d'autres traditions et aussi un autre idéal de culture personnelle. Là-bas, d'ailleurs, on commence à voir ce que ces beaux jeux à l'école font perdre à la nation et on cherche à les concilier avec quelques-unes de *nos* tendances. Nous conclurons ici à nouveau : ni volte-face, ni révolution, mais déplacement tranquille des facteurs, tout en tenant très prudemment compte des conditions matérielles et morales, qui ne supportent pas n'importe quelle modification soudaine et profonde.

Quoi qu'il en soit, il existe actuellement, dans la jeunesse de nos villes, un grand nombre d'enfants qui ne sont plus à même de supporter le travail de l'école et auraient besoin d'une plus grande quantité de liberté et d'exercices physiques. Ce qui ne veut pas dire qu'il n'existe pas, dans nos classes, d'enfants solides, aux joues rouges, et que le prétendu dépérissement de la jeunesse ne soit quelque peu exagéré. En règle générale, c'est une faiblesse héréditaire et innée qui fait que les forces manquent, et en partie aussi les erreurs de l'éducation à la maison. Il en va à peu près de même pour les plaintes relatives à la myopie, à laquelle d'autres facteurs que l'école contribuent, et contre laquelle on peut lutter par l'amélioration des conditions hygiéniques (impression meilleure des livres de classe, bon éclairage des salles, etc.).

Et il en va de même encore pour d'autres phénomènes plus graves. Les statistiques de cas de maladies mentales ou de suicide [1], parmi les élèves, dans une période donnée, sont évidemment émouvantes. Mais, quand on examine les cas particuliers de plus près, on voit qu'il s'agit toujours ou presque d'une incapacité maladive de résistance à des ennuis moyens ou même infimes. Tout ce qui arrive pendant l'âge scolaire ne provient pas nécessairement de l'école. Les pénibles phénomènes de maladies de l'esprit ou de la volonté indiquent bien plutôt une hérédité défa-

---

1. Les cas de suicide d'élèves sont, en effet, assez nombreux en Allemagne et ne laissent pas de préoccuper l'opinion. Pendant le seul mois de mars 1912 on n'en a pas compté moins d'une dizaine. (*Note du traducteur.*)

vorable qu'une action destructive de l'école. Même les fameux cauchemars, où les adultes se croient ramenés à leur temps d'école, ne prouvent pas que cela ait été une époque d'angoisse cruelle pour eux. Ils prouvent seulement que leur cœur jeune a eu ses peines et appris à connaître la peine. Dans le rêve, qui emprunte volontiers ses images au passé lointain, toutes les proportions se déforment.

D'autres plaintes peuvent paraître moins graves, bien qu'elles ne soient pas dénuées d'importance. On se plaint que les élèves soient incapables de se servir de leurs sens et maladroits de leurs organes. Là-dessus, on réclame à grands cris que les enfants soient mis beaucoup plus en contact avec la nature et les bases naturelles de la civilisation, au lieu de rester toujours fourrés dans leurs livres, d'où ils risquent un regard incertain sur le monde, comme le font la plupart de ceux qui fréquentent nos écoles secondaires. Et, en effet, il faut se féliciter de tout ce que l'on peut faire en ce sens. On ne devrait pas oublier que dans nos écoles des progrès ont été accomplis : occasions de contempler les objets et les produits les plus divers de la nature, excursions en commun, etc., on ne trouverait guère d'endroits où cela manquât. Je sais bien que les réformateurs haussent les épaules et se moquent de ces petits avantages et petits résultats. Et je sais bien qu'on pourrait en obtenir de plus beaux et de plus complets. Certainement, l'observation régulière, le commerce familier, l'utilisation personnelle l'emportent sur une simple contemplation momentanée. Si l'on pouvait s'arranger pour que tout enfant, à côté de son éducation habituelle, pût régulièrement travailler dans les jardins et les champs, cultiver des fleurs ou légumes, soigner des animaux, faire connaissance avec toutes sortes d'ateliers et y travailler lui-même, certainement il y aurait là une heureuse évolution. Certainement, la jeunesse de toutes les classes sociales a besoin de cette vie, ainsi que de gymnastique, de sports, de natation, de canotage, etc. Et tous ces changements sont non seulement souhaitables, mais réalisables si l'on dispose de la journée entière des élèves.

C'est là le programme des écoles nouvelles à la campagne, en Allemagne comme en Angleterre, Danemark, France, etc. Réussiront-elles à se généraliser? Les obstacles extérieurs sont assez considérables. Jusqu'à présent, les riches seuls peuvent en profiter. En Allemagne, on est plus hostile que dans d'autres pays à l'internat. Les familles des grandes villes devraient particulièrement souhaiter de telles conditions pour l'éducation de leurs enfants, et, jusqu'à l'âge de seize ans environ, cette vie serait tout à fait recommandable. On espère que les esprits ainsi rafraîchis se consacreront avec d'autant plus de succès au travail livresque; mais cette espérance ne se réalisera pas toujours. La jeunesse conservera, en échange, beaucoup plus de gaieté, ce qui, pour l'éducation et la jeunesse, est en tout cas fort important. L'étude ne fait pas le bonheur de tous les esprits, mais de quelques-uns seulement. Et, dans l'avenir, il faudra, en plus d'un sens, tenir compte des natures différentes.

CHAPITRE XVII.

Autres vœux d'avenir.

De longs développements seraient nécessaires pour discuter toutes les innovations qu'on voudrait introduire dans l'organisation de l'école et dans l'éducation qui s'y donne. Accordez plus de place et d'importance, dit-on, à ces arts d'agrément qui, dans les plans d'études actuels, ne sont que peu ou très peu considérés. Appréciez mieux la valeur pédagogique du dessin; développez les travaux manuels qui ont fini par pénétrer dans certaines écoles; cultivez mieux ce que Pestalozzi appelait le pouvoir artistique; remettez en honneur le chant qui, pendant des siècles, fut, à côté du latin, l'une des occupations principales dans la vie scolaire; établissez de nouveaux liens entre la vie scolaire et la grande vie sociale comme elle est ou sera bientôt! plus de liberté et de diversité dans l'organisation des diverses écoles! plus de culture esthétique dans cette période où l'âme jeune est si ouverte à toutes les impressions!

N'y a-t-il là que des rêves, que des vœux d'esprits singuliers? Non, il y a là davantage, et ce courant gagnera en force. On éprouve le besoin d'un contrepoids à la culture exclusive de l'intelligence. On s'accorde surtout à condamner l'analyse sèche et abstraite de ce qui est destiné à agir directement sur le sentiment. Mais on se ferait grandement illusion en croyant que la culture des sentiments esthétiques peut remplacer celle des sentiments moraux, même si bien des gens conçoivent une pareille espérance. Ce serait aussi une illusion que de s'imaginer que l'exposé des devoirs de l'individu dans la communauté, c'est-à-dire une « morale sociale », peut remplacer les fondements religieux des sentiments et du vouloir.

La vie religieuse semble vouloir entrer dans de nouvelles voies et chercher des formes nouvelles (intérieures comme extérieures). On peut suivre ce mouvement avec espoir et en attendre aussi un heureux changement pour l'enseignement religieux dans nos écoles[1] qui, à l'heure actuelle, laisse tant à désirer.

Et la vieille querelle entre l'idéalisme et le réalisme est-elle apaisée? Dans toutes les discussions relatives à l'école et à ses besoins, on entend toujours ces deux mots. Est-ce que le vrai chemin ne pourra être trouvé que dans l'avenir? ou en tout cas retrouvé? le véritable idéalisme? le véritable réalisme? Car il faut bien avouer que ces deux notions sont bien incertaines et les termes bien ambigus. Aussi, l'un tient-il pour la seule source véritable, pour la meilleure garantie de l'idéalisme, les langues et littératures anciennes; d'autres voient en elles le plus grand obstacle à l'heureux développement des écoles allemandes et de la jeunesse allemande. Certes, il serait très mauvais d'imposer officiellement aux élèves des matières et des exercices que leurs parents n'ont plus en estime et dont ils ne veulent plus rien savoir. Néanmoins, les parents de ce genre ne re-

---

1. Dans les écoles allemandes, l'enseignement de la religion est une matière du programme dans toutes les classes. Cet enseignement est donné par les professeurs et non par des pasteurs. Au baccalauréat allemand, il y a une épreuve écrite et orale de « religion ». (*Note du traducteur.*)

présentent pas encore une partie si nombreuse ou si capitale de la totalité que l'on dût pour eux faire disparaître ces études, qui continuent toujours à prouver leur grande valeur. Mais l'idéalisme, en tant que tel, ne provient pas des matières enseignées, des idées couchées sur le papier, mais de l'esprit de la personne vivante qui exerce son action. On ne devrait pas oublier non plus qu'idéalisme et gaieté ont d'étroits rapports, si bien que tout ce qui peut contribuer à donner à la vie scolaire un caractère gai et réjouissant contribue à former les jeunes âmes dans le sens idéal que l'on désire.

On a des notions bien incertaines aussi sur le véritable réalisme qu'on doit cultiver à l'école et chez les élèves. Veut-on dire par là qu'il faut développer aussitôt que possible l'intelligence de la vie telle qu'elle est, avec la collaboration active qu'elle exige de nous? Ou bien veut-on dire qu'il faille développer les forces individuelles en tout sens, afin que chaque élève puisse plus tard se faire une vie personnelle? Mais, au fond, il s'agit à nouveau d'individus divers, d'enfants différents, à qui convient soit la première manière, soit la seconde.

Certainement le meilleur réalisme dans l'éducation est celui qui s'efforce de faire de chaque enfant une personnalité ayant autant de fermeté et de valeur que possible. Je dis : « s'efforce », car on ne peut exiger d'aucune école — même pas de la meilleure école, même pas de l'école future la plus parfaite — qu'elle atteigne pour tous les élèves ce maximum. Par rapport à l'idéal, le travail de l'école demeurera toujours imparfait. Elle dépend de facteurs trop divers, importants et facilement contradictoires.

De même tous les programmes du monde, aujourd'hui comme demain, ne seront que des fragments de ce qu'on peut souhaiter ou réclamer. D'une part, on se plaint vivement de la multiplicité des enseignements et de leurs exigences et on espère que tout cela sera simplifié d'une manière ou d'une autre ; d'autre part, on proclame que certains enseignements nouveaux sont indispensables. La simple énumération de ces derniers serait bien longue, et il faut reconnaître que l'on peut trouver de bons arguments, quoique à des degrés divers, en faveur de chacun d'eux. On a, par exemple, réclamé dernièrement l'introduction de l'histoire de la musique dans les plans d'études. N'est-ce pas vraiment sortir du cadre de l'école? Si l'on veut sortir de cette difficulté (ou impasse), il n'y a que deux moyens. Il faut, ou bien arriver à une combinaison des enseignements telle que ceux-ci ne soient pas des disciplines diverses, séparées les unes des autres, mais quelques grandes branches d'étude, peu nombreuses et faciles à embrasser; ou bien il faut répartir les élèves dans des écoles de genre très différent, si bien que chacun y trouve ce qui convient le mieux à ses forces et à son tempérament, sans que la condition sociale intervienne dans cette répartition. Il arrivera peut-être dans un avenir prochain que la grande majorité des élèves qui actuellement fréquentent des établissements secondaires se contenteront d'un plan d'études très allégé et simplifié. Ils pourront jouir de cette liberté et de cette activité dans la nature et pratiquer les travaux manuels comme dans les écoles en plein air. Après cela, ils se consacreront avec toutes leurs forces fraîches et de bon cœur chacun à sa carrière. D'autres, au contraire, qui en auront le désir et la capacité, se voueront de bonne heure et avec suite à la culture intellectuelle abstraite. Nous retrouverions, sinon exactement l'ancienne opposition entre l'enseignement classique et le moderne, du moins quelque chose de semblable.

On peut d'ailleurs concevoir une infinité de solutions du problème total de l'éducation, et en particulier de l'éducation de tous les enfants d'un pays. Les gouvernements devraient tenter et faire tenter des essais, des essais raisonnables naturellement et ne reposant pas sur n'importe quelle inspiration subite ou mouvement de radicalisme. On n'est pas fixé, par exemple, sur la question de savoir à quel âge il convient de commencer telle ou telle étude, si on ne peut gagner du temps en commençant plus tard mais en allant plus vite, et si les forces ne s'accroissent pas lorsqu'on les ménage longtemps. Il n'y a pas longtemps que quelqu'un proposait que les jeunes filles dussent interrompre leurs études pendant toute une année, au moment de leur formation. Et ce ne serait certainement pas une mauvaise mesure. Mais que de questions seraient soulevées du même coup ! Il n'est pas possible de trancher la question des rapports de l'enseignement des filles avec celui des garçons par des mesures aussi simples que certains réformateurs actuels se l'imaginent ou le font déjà. Nous ne pouvons ici discuter et trancher toutes ces questions. Mais nous pouvons au moins inviter à les étudier et surtout à ne pas les solutionner trop rapidement.

Il est probable que l'auteur de ces lignes trouvera peu d'approbateurs. La plupart aiment mieux une opposition ou une affirmation catégorique qu'une invitation à réfléchir. Tel n'en est pas moins notre but. Dans le conflit des opinions, il y a toujours une part de vérité dans les deux camps. On sait aussi que ce n'est pas toujours la plus juste qui l'emporte, mais que la victoire dépend souvent de circonstances accessoires.

On a demandé récemment que les autorités officielles chargées de diriger l'enseignement eussent auprès d'elles un conseil composé de représentants de parents et de personnes compétentes et indépendantes, capables de donner sur ces questions un avis et un conseil. On désire encore que les éducateurs naturels, les parents, puissent avoir l'occasion de voir ce qui se passe dans chaque école et de donner leur opinion. Ces deux souhaits peuvent être aisément réalisés (bien que les effets puissent parfaitement être assez inappréciables parfois). Mais quels progrès ne ferait-on pas, si beaucoup de parents, de professeurs, d'amis de l'école, animés d'un même intérêt pour ces grandes questions, voulaient s'entendre pour rechercher la bonne et vraie solution ! Car il ne s'agira jamais que d'une recherche, puisque le but à atteindre s'enfuit à l'infini.

APPENDICES

APPENDICES

Nous joignons à l'ouvrage qu'on vient de lire quelques extraits, traduits en partie ou résumés, d'autres opinions sur le même sujet. Les personnalités qui les ont émises n'ont peut-être ni la notoriété ni la compétence incontestée de M. Münch, mais ce ne sont pas non plus des profanes. Ceux que nous laissons parler ici sont en grande majorité des professeurs ou des pédagogues de profession. Si quelques-uns ne le sont pas, il n'en faut pas conclure qu'ils soient étrangers à ces questions, et il convient d'attacher de l'importance à leur opinion, même si, dans les écrits auxquels nous empruntons les citations, la question qui nous occupe n'est abordée qu'incidemment.

Nous ne bornons pas cette enquête à l'Allemagne; nous allons demander aux pédagogues autrichiens ce qu'ils pensent. Nous estimons que le nombre même et la variété des témoignages ont leur intérêt, et que la question pourra être éclairée ainsi de plusieurs côtés.

Le but que nous visons reste le même. Nous voulons montrer que le malaise dont se plaignent Parents et Professeurs est universel, que le problème est d'ordre pédagogique et social, que pour le résoudre une bonne volonté réciproque est indispensable, et qu'au lieu de se quereller, l'école et la famille doivent en venir à une entente cordiale, à une « coopération » effective, selon l'heureuse expression de M. Crouzet.

I.

En Allemagne.

Heinz Hämmerlein : École et parents.

Lettres de vacances d'un père de famille.

Sous le pseudonyme de Heinz Hämmerlein, un professeur, un philologue, qui est en même temps père de famille, entreprend de faire à l'école des reproches, trop justifiés, et de proposer quelques améliorations. Il a choisi la forme de lettres adressées à un ami. Il ne se place pas au point de vue de l'intérêt supérieur de la science et de la civilisation; il envisage plus modestement la santé et l'intérêt immédiat des enfants, et exprime à peu près les idées suivantes :

« Cher ami, ce que tu m'écris ne peut me consoler du fait que notre enfant, juste depuis le moment où il va en classe, est devenu toujours plus pâle et a perdu sa fraîcheur.

« C'est précisément l'effet de la classe, entend-on dire.

« Oui, mais doit-il en être nécessairement ainsi? Nous ne voyons que trop combien l'école nuit à notre enfant, mais faut-il payer de ce prix une acquisition minutieuse d'un ample savoir, dont il ne conservera que bien peu de chose? Et tout le monde souffre du même mal. Mais faut-il donc qu'il en soit ainsi? Nous avons pourtant le devoir de prendre soin qu'une institution aussi magnifique que celle qui doit guider et satisfaire le désir d'apprendre qu'ont les enfants, ne compromette pas leur fraîcheur et leur santé. »

Que faut-il faire? Il faudrait tout d'abord, d'après Hämmerlein, organiser des lycées, des institutions privées, en tout cas, où les classes ne dépasseraient jamais un nombre d'élèves assez bas, qui répondraient à toutes les exigences de la pédagogie moderne, dût le prix de la rétribution scolaire monter au double ou au triple.

Si l'on ne réalise pas cet idéal, il faudrait tâcher au moins d'en faire approcher les établissements publics. Il serait temps de rompre avec l'enseignement livresque et d'y substituer un enseignement visuel qui fatigue moins les enfants et les intéresse davantage. Puisque il existe une Société en Allemagne, la *Société Comenius*[1], pourquoi les parents ne seconderaient-ils pas les efforts qu'elle fait dans ce sens?

Si les réunions de pédagogues, sous prétexte de

[1]. Comenius fut, au seizième siècle, l'un des premiers à protester contre l'enseignement scolastique et à prôner cet enseignement visuel qui n'est encore que partiellement réalisé aujourd'hui. (*Note du traducteur.*)

réformer l'enseignement, chargent, comme cela se fit en Allemagne en 1900, l'emploi du temps de quelques heures nouvelles, pourquoi les parents ne réclameraient-ils pas, au contraire, quelques heures supplémentaires de sommeil? Ce sont des médecins qui ont, sur ce point, envoyé une protestation au Ministère de l'Instruction publique. Il est urgent que les parents les soutiennent.

Car il est hors de doute que les parents devraient s'intéresser davantage à ce qui se passe dans l'école. S'ils ne le font pas, c'est par suite d'une déformation, d'une altération de l'état de choses normal.

Heinz Hämmerlein cite, en les approuvant, les paroles d'un autre professeur bien connu, le professeur Ziller : « Chez les professeurs, comme chez les parents, le sentiment qu'il doit exister naturellement un accord, entre les uns et les autres, a malheureusement été trop affaibli par le régime scolaire actuel. Ce sentiment a même été presque totalement détruit. Tandis que les familles témoignent aux établissements privés un intérêt presque toujours très vif, elles ne marquent qu'un intérêt fort minime aux établissements de l'État ou des municipalités, qui sont soustraits à la dépendance naturelle vis-à-vis des familles. Tout au plus s'intéresse-t-on à la personne de certains professeurs remarquables. Quant aux professeurs, ils ont encore bien plus perdu le sentiment de leurs véritables rapports avec les familles, en raison même du régime scolaire et du manque de pénétration pédagogique. Des deux côtés devrait exister le besoin d'échanger, de discuter des opinions, des doutes et des souhaits. Les deux parties devraient susciter régulièrement des occasions de prendre réciproquement connaissance de leur vie intime et mettre d'accord leur activité et leurs convictions. Les deux parties devraient, en ce qui concerne l'enseignement tout aussi bien que la direction et la discipline, discuter et trancher d'un commun accord soit des questions de détail, soit des questions générales. »

Sans doute, on a commencé à organiser, dans certains endroits, des réunions, des soirées, où parents, élèves et professeurs peuvent se rencontrer. On assiste volontiers aux représentations données par les élèves, on s'entretient aimablement avec les professeurs, ce qui est un commencement. Mais, en fait, les rapports sérieux sont demeurés presque les mêmes que par le passé : le père de famille cause avec le professeur lorsque son fils a fait une bêtise, ou lorsque le directeur l'a prié de passer à son cabinet. Or, c'est tout le contraire qui devrait avoir lieu. Les pères de famille devraient s'intéresser au travail normal de leurs enfants et non pas aux accidents de la vie scolaire.

Afin de les y encourager, Heinz Hämmerlein émet une proposition dont on peut dire, pour le moins, qu'elle est bien hardie. « Je pense, dit-il, que nous, les parents, nous devrions de temps à autre nous convaincre, *de visu*, de la manière dont se passent les heures de classe. Le mieux serait qu'on accordât aux parents le droit d'assister silencieusement à n'importe quelles classes dans les établissements secondaires masculins et féminins, et que, sans nécessité pour eux de prévenir à l'avance, quelques chaises fussent toujours préparées pour eux. Avec la léthargie qui sévit parmi les parents, il n'y aurait pas à redouter que la classe ne fût dérangée trop souvent. On pourrait aussi fixer chaque semestre une semaine pour cela, au gré des parents. On préviendrait peu de temps à l'avance afin que ceux-ci assistent non pas à des leçons de parade, mais à l'enseignement normal. A la fin de la semaine, on pourrait organiser une rencontre entre les parents et les professeurs. Les impressions seraient encore toutes fraîches. Si ces rencontres mettent au jour tel ou tel défaut, il sera certainement très utile pour le faire disparaître qu'un représentant de l'État ou de la municipalité[1] entende, en sa qualité de père de famille, l'opinion des professeurs eux-mêmes.

Heinz Hämmerlein cite l'opinion de plusieurs autres professeurs qui pensent, comme lui, que toutes les questions pédagogiques actuelles pourraient être plus aisément résolues par un travail en com-

1. Les établissements secondaires dépendent en Allemagne soit des différents États, soit des municipalités. (*Note du traducteur.*)

mun des pédagogues et des parents. Il entend par là non seulement les questions relatives à l'enseignement secondaire, mais celles encore qui concernent l'enseignement primaire (éducation du peuple, hygiène scolaire, jeux, travaux manuels, le chant, le dessin si négligé, etc.), et même celles qui concernent l'enseignement supérieur.

« Le progrès dans toutes ces questions, la réalisation des vœux depuis longtemps exprimés des pédagogues iraient beaucoup plus vite, si l'on éveillait l'intérêt des parents et tenait compte de leur droit à s'occuper de l'école. »

Dans une dernière lettre, il fait une remarque qui, pour porter sur un simple détail, ne manque pas d'un certain piquant. Le public dispose, en Allemagne, d'indicateurs pour les chemins de fer, de livrets explicatifs pour la poste et le télégraphe, mais il n'existe aucun livre pouvant éclairer un père de famille, désireux d'envoyer son enfant en classe, « sur les divers systèmes et méthodes, les programmes, les conditions d'entrée et autres choses du même genre ». Le plus souvent, le père met son enfant dans un établissement, Dieu sait pour quelle raison, et sans avoir aucune notion précise de ce qu'il y fera.

Un article d'Otto Corbach.

Dans un article de la revue der Türmer (le Veilleur), *Otto Corbach s'associe, en termes plus véhéments, aux observations et à la proposition de Heinz Hämmerlein :*

Partant du fait des suicides assez nombreux d'élèves allemands, qui, comme nous l'avons vu, préoccupent beaucoup nos voisins d'outre-Rhin, il prend le parti des élèves à qui les traditions, les habitudes scolaires ne laissent pour ainsi dire aucun droit. Il est temps de s'occuper de façon plus active et plus libérale de ce qui se passe dans les murs de l'école.

« Qui s'inquiète, une fois adulte, des droits des élèves? Point de place pour eux dans notre vie publique. A peine quelques professeurs réussissent-ils à hausser leurs aspirations et à revendiquer une parcelle des libertés dont jouit l'homme moderne. Le professeur a les mains liées par ses supérieurs, et il ligotte à son tour les élèves ses inférieurs. En classe sévit toujours une belle manie d'autoritarisme. Rien d'étonnant si l'on réclame aujourd'hui une publicité relative de l'enseignement dans les classes, et cela surtout dans les milieux où l'on est déjà convaincu que l'école ne doit pas uniquement enseigner, c'est-à-dire guider, dresser, entraîner des inférieurs, mais aussi éduquer. On propose d'autoriser les parents à assister, un jour par semaine, à l'enseignement. On pense favoriser par là une coopération de l'école et de la famille. La chose a ses difficultés, mais avec un peu de bonne volonté on peut les surmonter aisément. En tout cas, rien n'est plus légitime que cette demande. Les parents confient à l'école ce qu'ils ont de plus précieux, et peuvent en conséquence demander de contempler le travail des professeurs, de leurs propres yeux, et non plus seulement, comme jusqu'à ce jour, par l'intermédiaire des yeux de leurs enfants.

« Il ne faut pas s'étonner si quelques professeurs, dignes encore de la perruque des pédants, redoutent précisément ce contrôle des parents et font à cette proposition toute sorte d'objections, et prétendent, en particulier, que l'attention des élèves sera distraite par la présence d'étrangers et qu'eux-mêmes ne seraient plus naturels. Quiconque a séjourné longtemps dans l'obscurité a besoin de s'habituer à la vive lumière, lorsqu'elle parvient soudain jusqu'à lui. Ce qui ne prouve rien contre la lumière.

« Mais le professeur ne réussira à inspirer de la considération aux parents présents que si, dans le commerce avec les enfants, il dépouille le pharisaïsme des grandes personnes, si son orgueil, son savoir pédant ne viennent pas s'abattre comme une gelée blanche sur la verdeur des jeunes âmes, s'il n'est pas seulement un instructeur, mais encore un éducateur. Les professeurs intelligents seront heureux de l'occasion offerte de faire par leur enseignement une impression directe sur les parents. Les désagréments que leur causent aujourd'hui les racontars d'élèves auprès de leurs parents leur seront épargnés. Si des parents inintelligents viennent à les blâmer, le professeur pourra, grâce à la publicité établie, en appeler à l'opinion de parents intelligents pour se défendre. Les élèves seront rassurés par le fait qu'un frein sera mis à l'arbitraire de leurs maîtres. »

Opinion du Dr Neter, médecin pour enfants à Mannheim.

Le Dr Neter a publié en 1910 une brochure sur Le Suicide chez les enfants et les jeunes gens. C'est un sujet brûlant en Allemagne, où les suicides de ce genre sont assez fréquents. La presse, le roman, le théâtre même se sont emparés de ce thème et ont fait de cette question un sujet de conversation fort en vogue.

Si le Dr Neter s'en préoccupe à son tour, il n'est nullement poussé par un accès de snobisme ou par l'amour de la réclame. Il entreprend des recherches sérieuses. Il estime, en effet, que ces phénomènes morbides, si on les étudie scientifiquement, peuvent nous donner des renseignements précis sur la psychologie de l'enfant et nous fournir, en même temps, des indications dont les systèmes d'éducation pourraient tirer grand profit.

« L'étude des causes des suicides d'élèves nous permet de trouver des moyens de corriger les défauts de l'éducation et, partant, de faire non seulement diminuer le nombre regrettable de ces suicides, mais surtout disparaître d'autres phénomènes beaucoup plus nombreux, qui attristent l'enfance et la jeunesse de tant d'hommes. »

Au cours de cette étude, le Dr Neter se trouve amené naturellement à traiter des rapports entre les familles et l'école; car il est hors de doute que ces rapports jouent un grand rôle dans la crise qui conduit au suicide. N'est-ce pas souvent la peur de punitions, de mauvais traitements, soit à l'école, soit à la maison, parfois dans les deux endroits, qui détermine la funeste décision?

Or, en Allemagne, on note depuis quelques années une tendance fortement marquée à rendre l'école seule responsable de ces suicides. On l'accuse de ne pas comprendre l'individualité des élèves et de les pousser parfois à bout par une dureté injustifiée. Des torts et des erreurs de la famille il n'est point question. Il faudrait cependant, dit le Dr Neter, ne pas se montrer injuste soi-même si l'on prétend redresser des injustices. Il conviendrait d'examiner les faits avec impartialité, et de voir si la famille n'est pas en faute parfois, et de rechercher précisément si, par une entente de l'école et de la famille, on ne pourrait éviter bien des erreurs et des malheurs. C'est ce qu'il va essayer de tenter.

1. Dr Eugen Neter : *Der Selbstmord im kindlichen und jugendlichen Alter*. Langensalza, Beyer, 1910.

Il constate d'abord que l'école a subi bien des améliorations durant ces dernières années et que cependant le mécontentement à son égard ne fait qu'augmenter. Autrefois, on se montrait beaucoup plus sévère et les élèves se suicidaient plutôt moins. Comment expliquer ce phénomène?

Voici la première des raisons. « Nos jeunes gens d'aujourd'hui ne possèdent plus un système nerveux aussi robuste ni une âme aussi résistante qu'autrefois !... C'est dans cette faiblesse non pas tant du système nerveux que de l'âme qu'il faut chercher l'explication fondamentale de la moindre capacité à supporter et surmonter les difficultés venues du dehors. » Cette nervosité croissante de la jeunesse, cette moindre force de résistance, tous les médecins les ont malheureusement constatées.

Il y a là de mauvaises conditions premières. Peut-être serait-il possible d'y remédier et d'amender un aussi mauvais terrain afin qu'il puisse néanmoins produire des pousses suffisamment saines et viables. Or, c'est le contraire qui a lieu.

L'enfant si mal doué va vivre — et c'est là une seconde explication — dans une époque aussi trouble et incertaine que possible. Le principe d'autorité n'existe plus. Sous prétexte de donner plus de liberté, on a créé la licence. On a abattu les idoles et les dieux du même coup. « Dès l'âge le plus tendre, l'enfant entend critiquer les hommes et les institutions... On a enlevé à la jeunesse maint soutien indispensable, qui apportait un appui solide dans tous les combats de la vie. » On a tellement clamé les droits de l'individualité, les droits de l'enfant, — Ellen Key ne va-t-elle pas jusqu'à intituler un chapitre d'un de ses ouvrages : LE DROIT QU'A L'ENFANT DE SE CHOISIR SES PARENTS ? — qu'on a entièrement détruit le sentiment des limites, des devoirs qui sont imposés à chacun des hommes et des enfants.

C'était le pire des services à leur rendre, car la saine discipline, la maîtrise de ses propres instincts peuvent seules former une âme bien trempée et résistante. On a cru rendre l'enfance et la jeunesse plus heureuses en supprimant la contrainte : on n'a réussi qu'à les amollir. « La jeunesse d'aujourd'hui, produit d'une éducation faible, molle et indulgente, se sent malheureuse, opprimée, incomprise, maltraitée, tandis qu'on acceptait avec calme, voire même avec gaîté, une méthode plus sévère. On ne se croyait aucunement digne de pitié, tandis que la jeunesse d'aujourd'hui est mécontente du monde entier, bien qu'elle soit adulée de toutes parts, et qu'on la flatte en compatissant à sa souffrance. Partout on rencontre des jeunes gens posant au grand homme solitaire, obligé d'aller à travers le monde incompris et méconnu, et dont les joies et les peines restent inintelligibles à l'humanité moyenne, — et il va de soi que les éducateurs et les professeurs font partie de cette moyenne. » Il serait peut-être temps de se rappeler ce mot qu'un ami inscrivait dans l'album d'un petit-fils du grand Gœthe : « Apprends à obéir. »

A cela s'ajoutent les erreurs que commettent les parents au point de vue de l'éducation proprement dite. Certains parents gâtent trop leurs enfants, au sens habituel du mot, surtout lorsque l'enfant est unique ou lorsqu'il n'y en a que deux dans la famille. « Partout — dans tous les milieux — nous voyons comme on prend fait et cause pour l'enfant, comment on le ménage à tort, même dans les cas où jadis il eût été obligé de céder devant des personnes âgées, ou qualifiées, ou devant certaines institutions. On refuse aussi beaucoup moins aux enfants la permission de prendre part aux distractions des grandes personnes, qu'on ne le faisait autrefois et avec raison. »

Le résultat est que l'on forme ainsi des enfants et des jeunes gens efféminés, et qui ne sont même pas heureux, car « trop de distractions tuent toute joie, rendent insatiable et mécontent, raccourcissent le temps de l'enfance naïve et joyeuse, et créent, de concert avec un développement psychologique forcé et poussé, ces états d'âme divers que nous résumons sous le nom d'irritation, de satiété, de nervosité ».

D'autres parents tombent dans l'excès contraire. Ils maltraitent leurs enfants physiquement ou moralement, par dureté ou par vanité et ambition.

« Une statistique prouve que plus du tiers des suicides d'élèves sont causés par la peur d'une punition ou par les mauvais résultats obtenus. Cette phrase, prise telle quelle, équivaudrait à une grave accusation contre l'école. Mais il ne faut pas omettre de signaler que cette peur a été provoquée dans la très grande majorité des cas par la maison paternelle, car c'est là que l'élève redoutait une punition. C'est la peur de ce qui l'attendait à la maison qui a conduit maint enfant au suicide, alors que tous ses déboires à l'école ne l'auraient pas touché, si à la maison on avait su le traiter avec intelligence. Parmi les élèves qui se suicident, il y en a beaucoup dont les résultats à l'école étaient insuffisants, soit parce qu'ils n'étaient pas doués, soit parce qu'ils eussent préféré consacrer leur activité à d'autres occupations.

« En tant que médecin, on connaît de reste les abus de la vanité d'un père ou d'une mère, et l'on n'a que trop souvent l'occasion de voir les souffrances physiques et morales que les parents infligent à leurs propres enfants. On voit des mères qui contraignent leurs filles, allant encore à l'école, à s'emprisonner dans un corset malgré les protestations de celles-ci, et de même on voit des pères qui poussent leurs fils toujours plus loin, alors même qu'ils n'en peuvent plus. Je reconnais que ces pères pourront invoquer des circonstances atténuantes aussi longtemps que dans notre société les avantages attachés aux examens joueront un aussi grand rôle. N'empêche que bien des parents vont trop loin. Ils s'efforcent d'entraîner leur enfant, incapable de suivre en classe, d'une manière qui mérite le blâme le plus catégorique. On ne peut concevoir comment des parents, par ambition, par une sollicitude à contresens, par suite d'une inintelligence complète de leurs enfants, les torturent au point que les tourments physiques que font subir des parents brutaux semblent infiniment plus supportables. Nous, médecins, qui pénétrons dans tant de familles et jugeons de nos propres yeux, nous avons constamment l'occasion de constater cette erreur d'éducation et d'observer ces cruautés quotidiennes contre les nerfs et l'âme des enfants. Et cela explique sans doute que, dans bien des cas où l'on accuse l'école et la famille, nous sommes portés à faire retomber la faute principale sur la maison paternelle. »

Ce n'est pas à dire que l'école soit tout à fait innocente. Le Dr Neter en reconnaît les imperfections. Il sait que des efforts sont faits pour les corriger, mais que de là à la perfection la route est longue encore. Il se souvient d'avoir reçu lui-même les leçons de professeurs « qui ne répondaient en aucune façon à l'idéal du bon éducateur ». Il n'ignore pas que si aujourd'hui les professeurs connaissent mieux la pédagogie, il n'en est pas moins vrai qu'au total, « le pensum, la méthode et, par-dessus tout, l'esprit qui règle, en particulier, les relations entre professeurs et élèves, est resté le même que jadis ».

Mais ce qui lui semble le plus défectueux et le plus dangereux, au point de vue du sujet qu'il traite, ce sont les mauvais rapports existant entre l'école et les familles. Que de modifications à apporter! Que d'ennuis, d'accidents graves pourraient être évités!

« Étant donné le manque de confiance existant aujourd'hui dans les rapports entre la famille et l'école, on comprend que les professeurs traitent beaucoup d'élèves d'une manière absolument fausse. Plus d'un suicide aurait été évité si le professeur avait soupçonné ce qui se passait dans l'âme de l'élève. La faute en est peut-être à l'incapacité du professeur dans certains cas — car le professeur n'est pas toujours un maître qui éduque, mais fréquemment un manœuvre qui transmet des connaissances.

« Il n'en est pas moins vrai que cette ignorance s'explique par le fait que le professeur ne sait rien de ce qui se passe à la maison de l'élève. Même s'il montre la meilleure volonté et le désir de s'informer des événements domestiques, de la vie de l'élève, il reçoit la plupart du temps des réponses insuffisantes ou même fausses, en causant, par exemple, avec les parents. On lui cache bien des choses, en particulier le surcroît d'occupation qu'on lui impose à la maison pour des travaux qui n'ont point de rapport avec l'école. On présente bien des détails sous un jour trop favorable, et on les déforme inconsciemment.

« L'attitude de certains professeurs et directeurs, à l'égard des parents, n'est pas faite non plus pour faire croire que l'école se propose le développement des élèves comme but principal et ne considère l'autorité, la besogne scolaire et les principes, que comme des moyens en vue d'atteindre ce but. La situation du professeur à l'égard de certains parents est souvent bien délicate, car leur vanité est blessée par la moindre critique de leur enfant.

« Une des choses les plus funestes aux bons rapports entre l'école et la famille, est aussi la manière dont on parle aujourd'hui de l'école et des professeurs en présence des enfants. Autrefois, les parents ne donnaient qu'exceptionnellement raison à leurs enfants, lorsqu'ils venaient se plaindre de l'école. Aujourd'hui, on prend presque toujours leur parti, on critique de la façon la plus vive école et professeurs; et on arrive ainsi à miner d'une part l'autorité de l'école et de l'autre à accroître dangereusement la confiance des enfants en eux-mêmes et leur irritabilité. Plus que jamais il est indispensable et juste de soumettre l'école à la critique; il serait souhaitable que les parents se soucient beaucoup plus d'elle qu'ils ne le font.

Mais qu'on se garde de porter des jugements en présence des enfants. Le poids de la besogne scolaire semble doublement lourd à un enfant lorsqu'il sait qu'on le lui fait porter à tort... Très souvent un professeur juge mal un élève; mais l'expérience prouve que bien des parents ne connaissent pas bien leurs enfants non plus. Une coopération bienveillante de l'école et de la famille est aujourd'hui plus que jamais la condition indispensable d'une bonne et solide éducation. »

Et le docteur Neter conclut : « Nous avons reconnu que dans bien des cas l'école forme le dernier anneau d'une longue chaîne de causes qui aboutissent au suicide de l'élève. Le fait qu'elle n'est que le dernier anneau ne la débarrasse pas de toute responsabilité. Mais nous avons dû chercher les origines profondes dans les conditions domestiques, dans les prédispositions particulières des petits malheureux, et pour une bonne partie dans ce que nous pouvons appeler d'un mot l'esprit de notre temps.

« Le suicide d'un élève représente une des suites des mauvaises méthodes d'éducation à l'école et dans la famille. Mais il me semble que les tourments que causent à une grande partie de notre jeunesse ces fausses méthodes sont beaucoup plus importants encore, car s'ils ne poussent pas jusqu'au suicide, ils n'en sont que plus répandus. C'est là que des remèdes sont nécessaires. Il faut bien connaître les erreurs de l'éducation afin de trouver les moyens de les réparer, si nous voulons faire disparaître ou tout au moins adoucir cette misère. Puissent toutes les forces qui aujourd'hui encore se méconnaissent et agissent indépendamment se rencontrer sur cette voie et agir de concert. Rendre à notre jeunesse la joie de vivre, tel est le but que nous devons tous poursuivre d'un commun effort. »

Une opinion de la *Gazette de Francfort*.

Au mois de juin 1910, la Gazette de Francfort publia une série de six articles sur « *La nécessité d'une réforme des écoles secondaires* ». L'auteur des articles ne les avait pas signés. Le journal, l'un des plus répandus et des plus sérieux de l'Allemagne, et dont la place et l'importance ne sont pas sans analogie avec celles du Temps en France, disait dans une note insérée le premier jour : « *L'auteur n'est pas un pédagogue de profession; mais dans beaucoup de domaines, les impulsions les plus profitables sont dues souvent à des outsiders. Même ceux qui n'approuveront pas toutes ses idées ne pourront manquer de reconnaître qu'il connait à fond la question, y a longuement réfléchi et s'entend à intéresser.* »

Nous n'avons pu arriver à découvrir le nom et la personnalité de l'auteur. Mais comme ses réflexions nous ont semblé réellement intéressantes, nous croyons devoir soumettre à nos lecteurs celles qui se rapportent au sujet du présent volume.

L'auteur commence par rappeler la situation de plus en plus critique des écoles secondaires en Allemagne et en cherche la cause profonde. Selon lui, l'instruction et l'éducation données dans les établissements d'enseignement secondaire ne correspondent plus aux nécessités de la vie moderne. Il existe une contradiction flagrante entre les besoins de la vie et le véritable monopole que possèdent ces établissements, puisqu'ils délivrent seuls un diplôme donnant accès aux carrières libérales et aux situations les plus élevées. Il existe une contradiction entre la sélection nécessaire qu'opèrent ces établissements parmi leurs élèves et le principe qui dirige cette sélection : grâce au système employé, qui n'est qu'un vestige des temps moyenâgeux, il se trouve que les meilleurs élèves ne deviennent pas toujours les hommes les plus remarquables ou les plus utiles. Il y a contradiction entre les tendances démocratiques de notre époque, qui amènent un nombre d'élèves toujours plus grand dans les écoles secondaires, et celles de la véritable culture qui est, au fond, aristocratique. De là, naissent des conflits incessants et douloureux, des malentendus pénibles, une méfiance universelle, qui font cruellement souffrir les enfants et qu'il est urgent de faire disparaître dans l'intérêt de toute la nation. Voici, sur le point qui nous occupe, comment s'exprime l'auteur anonyme de la *Gazette de Francfort* :

« C'est presque une banalité, aujourd'hui, d'affirmer que les élèves modèles de nos lycées ne donnent rien dans la vie. Et, inversement, un professeur de l'Université de Leipzig pouvait, l'an passé, affirmer publiquement, sans être contredit, que presque tous les savants de valeur avaient remporté au lycée des succès très médiocres. Même si l'on n'admet pas la valeur absolue de ces généralisations, il faut reconnaître néanmoins qu'elles renferment une grande part de vérité. On a le sentiment que la sélection opérée par nos lycées, sous le régime actuel, est pleine d'incertitude ou même dénuée de justesse, et ce n'est pas sans raison que ce sentiment se répand de plus en plus...'

« Il y a cinquante ans, nos écoles secondaires étaient encore, aux yeux de la majorité des Allemands et des étrangers, un admirable instrument de civilisation. Aujourd'hui, elles sont devenues des institutions qui ouvrent l'entrée des carrières libérales et des fonctions publiques, et on ne leur confie les enfants qu'avec une horreur secrète et sous la contrainte d'une nécessité extérieure, puisqu'elles seules jouissent du privilège de conférer ces droits. Bien rares sont les pères de famille qui envoient leurs fils dans un lycée avec un sentiment de joie, avec l'assurance ferme d'avoir choisi la meilleure voie pour leur culture et leur éducation. Mais que faire ? Tous les autres chemins qui pourraient procurer et assurer aux enfants une situation honorable ont été rendus par l'État impraticables, ou si dispendieux qu'ils ne sont accessibles qu'à une minorité privilégiée. Il ne s'est pas encore formé non plus de système pédagogique vraiment définitif qui pourrait infuser une nouvelle vie, et donner une nouvelle valeur éducative à l'enseignement d'aujourd'hui. Aussi la majorité des parents, qui de plus en plus réfléchissent aux questions scolaires, se soumettent à la nécessité de passer par le lycée. Souvent ils le font en grinçant des dents et avec une répulsion intime.

« Naturellement, ce mouvement de répulsion provoque une réaction inévitable de la part de l'école. Des pédagogues avisés, considérant d'un peu haut ces rapports entre l'école et la famille, se lamentent déjà depuis longtemps sur l'antagonisme qui sépare ces deux puissances éducatives. Ils recommandent à l'école de ne pas exagérer le caractère scolastique de l'enseignement, et aux parents de ne pas méconnaître entièrement la nécessité d'un tel caractère. Mais ces avertissements resteront vains, et la méfiance réciproque ne fera qu'augmenter aussi longtemps qu'un doute subsistera sur la valeur de la sélection opérée par l'école parmi les élèves... »

Car c'est là, selon le correspondant de la *Gazette de Francfort*, le véritable nœud de la question. Si l'école commet des erreurs, c'est qu'elle dispose souverainement de l'avenir des enfants et que les procédés employés par elle pour juger des meilleurs ne donnent pas toujours des résultats conformes à la réalité. Elle en vient à fabriquer des fonctionnaires, au lieu d'éduquer des hommes, et c'est là son grand tort. Mais souvent les parents ne sont pas moins coupables. Au lieu de bien connaître leurs enfants et de développer les facultés qu'ils découvrent en eux, ces parents conservent encore la superstition de l'école et les croient perdus, s'ils ne peuvent en suivre les cours ni obtenir les diplômes qu'elle confère. La famille renchérit encore sur l'école, tout en l'abhorrant. Si l'on veut que le malaise général et le mécontentement réciproque disparaissent, qu'on se hâte de prendre un autre chemin. Que parents et professeurs cessent d'être hypnotisés par les parchemins. Qu'ils comprennent enfin que les facultés les plus diverses peuvent trouver leur emploi dans la société humaine et que l'idéal est de former non point des bacheliers, mais des citoyens utiles à l'État et à l'humanité. A ce moment, on pourra s'entendre et l'on n'aura plus à s'adresser de mutuels reproches, ni à regretter tant de souffrances imposées aux enfants.

« Ce n'est pas l'école qui est responsable de cette rigueur, mais le monopole des diplômes dont elle dispose. Et l'effet de ce monopole est tel que les *outsiders* — parmi lesquels se trouvent assez souvent des individualités de valeur — non seulement sont exclus des carrières supérieures, mais encore arrêtés et brisés. Car c'est encore aux yeux de bien des gens une tache que de ne pas réussir à l'école, tache dont il est difficile d'effacer les traces dans la suite. On s'imagine encore que les appréciations données par l'école se rapportent à toute la personnalité, valent pour la volonté aussi bien que pour la valeur morale et notent un jeune homme de façon définitive. Et cette superstition ne règne pas seulement dans les milieux officiels, qui par définition ne jugent des capacités d'un jeune homme à nommer à quelque emploi que sur les notes et diplômes universitaires, mais encore chez tous nos philistins fanatiques de prétendue culture, où elle est beaucoup plus pernicieuse. Que de malheurs, de souffrances, de désespoirs ne causent pas les mauvais bulletins scolaires, les échecs aux examens! Avec quelle injustice un malheureux enfant n'est-il pas jugé par ses proches et par tous les gens de son milieu! Que d'erreurs l'école ne commet-elle pas en prenant le manque d'intérêt à certaines matières, ou même à tout l'enseignement, pour de la bêtise et de la paresse innée, une saine résistance à une activité purement formelle pour un défaut d'énergie, une vie intérieure riche et pleine d'imagination pour de la distraction, l'inattention à des détails indifférents et la fatigue qui en résulte pour de l'incapacité à faire aucun effort volontaire!

« Mais beaucoup de parents, même si des doutes se manifestent toujours plus nombreux à l'égard de ces appréciations scolastiques, ont encore tant de foi en l'autorité qu'ils acceptent ces jugements comme une sentence du ciel, et font supporter à l'enfant, dont l'âme souffre déjà si cruellement à l'école, le poids de leur propre désappointement et de leur colère. Il est encore plus grave que la confiance en soi-même, la joie de vivre et le courage actif de ceux qui ne répondent pas aux exigences particulières de l'école soient complètement brisés, parce que ces exigences ont valeur de loi pour toute l'existence. Plus d'un enfant capable et bien doué est entièrement anéanti par les *trois* et les *deux* qu'il obtenait en classe pour ses devoirs de latin, de grec ou de mathématiques. Il est perdu pour toute la vie, alors que si l'on avait intelligemment tenu compte de sa nature et de ses qualités propres, on aurait pu non seulement lui faire franchir les écueils de l'école, mais encore faire de lui un membre précieux de la société humaine. »

Opinion du Dr Hermann Weimer.

Le Dr Hermann Weimer est un professeur de Wiesbaden. Il a publié, sur les instances de ses supérieurs, un petit livre dans lequel il a exposé quelques idées qui lui sont chères. Le titre seul : Pour gagner le cœur des élèves, *indique que l'Œuvre est d'un maître qui a profondément compris et aimé les enfants, et qui s'efforce, pour faire avancer l'étude des problèmes pédagogiques, de se préoccuper avant toute chose des enfants eux-mêmes.*

Jusqu'ici, dit-il dans la courte préface, on se demandait : « Que doivent apprendre les enfants et comment devons-nous le leur enseigner ? Quelle est la matière la plus utile ? Quelle est la meilleure méthode ? » On se battait là-dessus et l'on oubliait de se demander : « Que sont les élèves ? Que veulent-ils ? Que peuvent-ils apprendre ? Quels rapports doivent exister entre le professeur et les élèves ? » Notre siècle, qu'on a pu sans injustice appeler le siècle de l'enfant, se soucie ou devrait se soucier plus de la seconde question que de la première.

Or, quels sont aujourd'hui ces rapports entre élèves et professeurs ? Mauvais, en général, dit M. Weimer. Les professeurs, comme on a pu le leur reprocher, manquent de joie et d'entrain. Ils n'en sont peut-être pas aussi responsables qu'on pourrait le penser. Leur métier, avec son allure paisible et les vacances si enviées, cache plus de difficultés qu'on se l'imagine.

N'est-ce rien que cette lutte quotidienne contre la bêtise, la paresse, la mauvaise volonté et l'ingratitude des élèves ? Contre les exigences des supérieurs et les nécessités des examens ? Il est bien facile, à ceux qui n'ont jamais passé par là, de conseiller aux professeurs de montrer une mine moins grise et des manières plus affables.

Quant aux élèves, il ne faut point s'étonner non plus s'ils n'apportent point en classe la meilleure humeur. Choyés et libres à la maison, ils se trouvent jetés au milieu de camarades exigeants, sont obligés de se soumettre heure par heure à une rigoureuse discipline, et doivent subir des heures de classe et amasser des connaissances toujours plus nombreuses, même lorsque ce travail ne leur agrée point. Ils n'ont même pas la consolation de penser vraiment, car ils sont trop jeunes, qu'ils travaillent pour leur avenir. Quoi d'étonnant, encore une fois, que la classe devienne un cauchemar pour beaucoup d'entre eux ?

Est-il possible de remédier à ce triste état de

choses ? Oui, mais en suivant des voies nouvelles. On a essayé jusqu'ici de bien des moyens. On a cru, en particulier, qu'en remplaçant tel enseignement par un autre, en usant d'une méthode meilleure, on faciliterait la tâche des élèves, qui leur semblerait ainsi moins maussade, et que, du même coup, on allégerait le fardeau qui pèse sur les épaules des professeurs.

Le résultat n'a pas répondu aux espérances. C'est que, dans le fond, on commettait toujours la même erreur. Le problème pédagogique est beaucoup moins livresque et philosophique : il est un problème moral. Ce qui importe, c'est avant tout la personnalité du professeur. Ni la matière enseignée, ni la méthode employée n'ont de valeur par elles-mêmes. Tel théorème de géométrie paraît aride et pénible avec un professeur, et peut devenir aisé et attrayant, démontré par un autre. Il n'y a aucun doute sur ce point : en pédagogie, comme dans les autres domaines de l'activité humaine, la personnalité est le facteur capital. Les plus grands pédagogues l'ont proclamé depuis longtemps. Mais c'est une de ces vérités qui demandent d'autant plus de temps pour pénétrer dans les esprits qu'elles sont plus vraies, pourrait-on dire, et plus essentielles.

C'est cette vérité que M. Weimer développe à son tour et qu'il voudrait voir universellement reconnue. Il voudrait même qu'on prît les mesures nécessaires pour que de la théorie il fût possible de passer à la pratique. Il voudrait qu'on enlevât tous les obstacles qui empêchent le professeur de trouver le chemin du cœur des élèves. Nous ne reproduirons pas ici tous les projets de M. Weimer sur les améliorations que l'on doit, selon lui, effectuer dans ce sens. Nous ne retiendrons que le chapitre où il traite d'un de ces obstacles : les relations défectueuses entre l'école et la famille, et nous allons en donner une traduction à peu près intégrale.

« Lorsque l'enfant va pour la première fois en classe, il n'est plus une page blanche. En caractères indélébiles, l'esprit de la maison paternelle est imprimé sur son âme jeune, et cet esprit continue à agir sur lui aussi longtemps qu'il fréquente l'école. Ce fait suffit à montrer clairement que l'influence éducative de la famille peut puissamment aider le travail de l'école, mais tout aussi bien le contrarier gravement. Et malheureusement — disons-le tout de suite — on remarque beaucoup plus souvent cette action contraire de la famille qu'une action favorable. Les adversaires du système scolaire actuel sont tout disposés à mettre à profit ce désaccord entre l'école et la famille. Ils louent l'éducation de la famille outre mesure et dénigrent, au contraire, celle de l'école. Ils ne trouvent dans presque tous les milieux que des oreilles trop attentives, car tout le monde a quelque chose à reprocher à l'école, tandis que la famille est quelque chose de sacré et l'éducation qu'elle donne d'une valeur indiscutable. »

Il n'est pas difficile de s'expliquer ce phénomène. Nos propres souvenirs et les récits charmeurs des poètes font tant pour entourer d'une auréole de tendresse la vie de famille! En fait, il faut même reconnaître que la famille a beaucoup plus de facilités et de moyens que l'école pour éduquer un enfant. Quelques-unes y réussissent parfaitement. Mais toutes sont-elles dans ce cas?

« Ce qu'on appelle éducation familiale est, à y regarder de près, une chose diverse et variée. Autant de familles, autant d'éducations différentes. Certaines particularités et certains défauts reviennent sans doute très souvent. Il y a beaucoup de familles, surtout dans les classes inférieures de la nation, où l'éducation se borne à une simple transmission des qualités et habitudes des parents. La force de l'exemple s'y fait sentir dans toute sa puissance. Elle peut faire le bonheur, comme aussi le malheur des enfants, selon la nature et la manière d'agir des parents.

« Ailleurs on procède consciemment à une éducation. Mais les parents manquent de la clarté et de la constance nécessaires dans l'application de leurs mesures. On interdit aujourd'hui ceci, demain cela, et peut-être permettra-t-on après-demain l'une et l'autre chose. Les caprices et les humeurs des parents varient comme temps d'avril; une sévérité excessive alterne avec une indulgente faiblesse. Rien d'étonnant si les enfants deviennent aussi inconstants et incertains que leurs parents.

« Certains parents ne croient jamais pouvoir aller assez loin dans leur zèle éducatif. Ils n'accordent ni trêve ni repos à leurs enfants, mais, au contraire, les poussent et les pressent du matin jusqu'au soir. Ils enseignent et redressent constamment, grondent et punissent. Ils veulent faire pousser ces jeunes plantes avec une rapidité de serre et exigent d'eux, avant l'heure, des choses qu'ils ne peuvent encore faire. Ils ravissent aux enfants leur trésor le plus précieux, la gaieté pure et ensoleillée de la jeunesse, et, grâce à leur zèle excessif, produisent des êtres timides, sans personnalité ou, ce qui est plus grave encore, des êtres rusés et menteurs.

« Dans beaucoup de familles, enfin, il y a le désaccord entre le système du père et de la mère qui doit nuire particulièrement au développement du caractère de l'enfant. Le père veut d'une façon, la mère d'une autre. Si lui est trop sévère et inflexible, elle est trop tendre et douce; fait-il une interdiction, elle la lève; s'il s'emporte à la moindre vétille, elle croit réparer ce tort par des friandises et des caresses. Les enfants s'aperçoivent vite que tous deux ne marchent pas dans le même sens, surtout lorsqu'on règle les différends en présence des enfants par des reproches mutuels. Ils profitent, avec une malice innée, de cette désharmonie entre les parents. On ne peut réellement pas leur en vouloir si, lorsqu'ils reçoivent un ordre ou une défense qui ne leur conviennent pas, lorsqu'une punition les attend, ils cherchent aide et protection auprès de celui ou celle qui d'habitude prend leur parti...

« Ici on fait trop, là trop peu ; trop de sévérité ou trop de laisser-aller, beaucoup d'incertitude, d'inégalité et de désaccord, c'est ainsi que l'on peut juger d'un mot les défauts les plus manifestes de l'éducation familiale. Ce sont des abus dont se plaignent depuis longtemps tous les peuples civilisés. Mais il était donné à notre époque d'accentuer encore « le trop peu » et de l'aggraver, en conséquence, par ce qu'Ellen Key a appelé si heureusement « l'absence moderne de foyer ». Jadis, le père seul était obligé de s'absenter de la maison une grande partie de la journée, à cause de ses affaires ou de ses occupations. Aujourd'hui, ce sont trop souvent les mères qui manquent là où elles devraient être indispensables. Celles qui sont pauvres sont chassées du foyer par le souci du pain quotidien ; les riches sont attirées par la vie mondaine avec ses innombrables attraits. Les théâtres, les concerts et les bals, les champs de courses, les sports ne suffisent plus à l'ambition féminine; elles ont conquis une place dans les salles de réunions, les salles de cours et les clubs, et, chaque jour, elles y deviennent plus nombreuses. Il ne s'agit pas de leur enlever ces conquêtes arrachées à grand'peine. Celles qui n'ont de devoirs qu'envers elles-mêmes peuvent en jouir tranquillement. Mais il est lamentable que cette maladie des distractions, des réunions et des conférences détourne tant de mères de leur véritable devoir, qui est de soigner et de diriger leurs enfants... Parmi ces dames pleines de philanthropie qui donnent si volontiers leur obole pour la construction d'asiles, crèches et autres garderies pour enfants d'ouvriers, il y en a un bon nombre dont les enfants ne sont pas mieux soignés, intellectuellement et moralement, que ceux des malheureux ouvriers... Il en résulte que ces enfants deviennent des étrangers pour les parents, et n'ont pas plus de foyer que ces enfants d'ouvriers qui, abandonnés par leur père et leur mère, se corrompent tous les jours. »

On dira peut-être que, malgré tout, un sentiment subsiste qui, à lui seul, peut compenser bien des erreurs de détail : l'affection réciproque entre les parents et leurs enfants. Assurément ; ce sentiment est un trésor qu'on ne saurait assez priser. Mais rien n'est si précieux qu'on n'en puisse faire un mauvais usage.

« Chez bien des parents, cette affection est devenue purement extérieure, un vilain mélange d'amour pur, de faiblesse et de laisser-aller, de vanité et d'indulgence pour soi-même. Ces parents font de leurs enfants des phénix, précisément parce que c'est leur propre enfant; ils l'admirent parce qu'ils voient en lui leur image; ils s'adorent eux-mêmes dans leur rejeton. Ils ignorent ses défauts ou les cachent, parce que leur vanité les rend aveugles; ils lui passent tous ses caprices, parce qu'ils veulent éviter toute mauvaise humeur entre eux-mêmes et l'objet de leur affection de parade. Ils choyent, câlinent et gâtent leur enfant, parce qu'ils n'ont jamais en vue, pour eux et pour lui, que le bien-être momentané. Quel est le résultat de cette conduite à courte vue et pusillanime? Un être égoïste et volontaire, qui ne sait rien se refuser ni supporter une opinion étrangère, un tyran de ses propres parents, qui paye la plupart du temps cette fausse affection par de la sécheresse de cœur, par l'absence d'amour pour ses parents.

« Si j'ai exposé en détail les défauts les plus fréquents de l'éducation familiale, c'est qu'ils éclairent et expliquent pourquoi nous avons affirmé plus haut que souvent la famille gêne l'action éducatrice de l'école. Ces défauts représentent une source cachée, mais abondante, de mécontentements et de froissements entre le professeur et les élèves. Des mauvaises manières, de l'inattention, de la paresse d'un enfant on ne peut évidemment pas toujours conclure à un manque de discipline à la maison. Il n'en est pas moins évident que des enfants à qui manque une direction sûre et consciente de la part de leurs parents occasionnent au professeur plus d'ennui et d'irritation que ceux qui sont bien dirigés chez eux. Le professeur qui ne tient pas à punir les bêtises de ses élèves, mais bien plutôt à chercher la cause du mal afin de la faire disparaître, ne peut pas ne pas tenir compte de ce qui se passe dans les familles de ses élèves. Il doit chercher à prendre contact avec la famille, afin de pouvoir se faire une idée de la situation, de l'existence et, avant tout, de la méthode éducative des parents... Plus d'un enfant se verrait jugé et traité différemment, si le professeur pouvait connaître sa vie de famille.

« Que le professeur réussisse à exercer une heureuse influence sur les parents qui négligent leurs devoirs d'éducateurs, c'est une autre question. On peut bien plier un arbuste, mais non plus un arbre. Bien souvent, ni un avertissement amical, ni une remontrance sévère, ni la prédiction des conséquences funestes de cette négligence ne feront d'effet, supposé même qu'ils fussent acceptés ou admis. Car le professeur n'a pas le droit d'intervenir dans de tristes éducations domestiques. Comme chacun le sait, il y aura assez de parents pour se refuser à toute espèce d'intervention, d'autres qui n'avoueront jamais l'insuffisance de leur méthode éducative. Sans aucune comédie, d'ailleurs. Car la croyance en la perfection de leur méthode est très répandue parmi les parents, même chez ceux dont l'incapacité est patente. Elle est même si ancrée qu'en cas d'insuccès total des enfants, ils en rendent mille circonstances responsables, mais jamais eux-mêmes.

« Malgré tout, il ne faut pas désespérer absolument d'agir sur les familles. Il se peut que certaines, celles qui précisément auraient le plus besoin de conseils, les refusent; mais il y en a assez d'autres, en échange, les plus raisonnables, qui seront accessibles aux éclaircissements et aux avertissements des professeurs. On peut aussi, pour peu qu'on possède le tact nécessaire, dire aux pères et aux mères quelques mots sérieux sans les blesser. On peut les amener à corriger certaines imperfections sans avoir même l'apparence de leur faire un reproche. On peut accorder que leurs principes d'éducation sont en soi excellents, mais ne conviennent précisément pas à leur enfant et à son caractère. On obtient encore les meilleurs résultats en pouvant citer certains cas déterminés où la négligence des parents est évidente et incontestable...

« Au reste, l'insuffisance de l'éducation familiale n'est pas le seul motif qui doive faire rechercher aux professeurs le contact avec les familles. De même que les parents commettent des fautes dans l'éducation de leurs enfants, de même les professeurs en commettent, dans leur façon de juger et de traiter les élèves. Nous avons déjà répété plusieurs fois, dans les chapitres précédents, combien il est difficile quelquefois de juger les élèves d'après leur tenue et leur conduite en classe, et combien il est aisé, au contraire, de se fermer à jamais l'accès de leur cœur en les traitant mal. Nous avons dit qu'il ne fallait pas conclure de mauvais résultats à un travail insuffisant ou interpréter toute infraction aux règlements de l'école comme une preuve de perversité morale. Et nous avons déjà exprimé notre opinion, à savoir que, en raison même de ces faits, il est indispensable qu'un contact permanent existe entre l'école et la famille.

« Là, le professeur trouvera maint renseignement utile sur l'application, la manière de travailler et la conduite de l'enfant à la maison. Il entendra parler de ses bons et de ses mauvais côtés, qui, jusqu'à ce jour, lui étaient inconnus; on lui fera connaître ses occupations préférées, ses jeux, ses camarades; on le renseignera sur sa santé, sur des particularités physiques, d'apparence si insignifiantes et pourtant si importantes, sur ses maladies antérieures et leurs suites. Tous renseignements pour lesquels un éducateur intelligent ne pourra que savoir gré à la famille, parce qu'il peut en tirer profit pour mieux apprécier et manier son élève [1].

[1]. « Il faut grandement louer une innovation que l'administration municipale d'Augsbourg a introduite depuis 1906. On distribue, d'après les journaux, des questionnaires aux parents

« Finalement, nous avons intérêt à ce que notre travail soit estimé et apprécié à sa juste valeur par les parents. L'idée qu'ils peuvent se faire des professeurs d'après les dires de leurs enfants est, en règle générale, assez vague et parfois même complètement fausse. Les enfants aiment mieux raconter à la maison les petites joies et peines qu'ils ont éprouvées dans le commerce avec leurs camarades, ou rapportent les petits potins de la classe. Ceux-ci sont, la plupart du temps, un mélange homéopathique de vérité, d'exagération et de déformation mensongère.

« Ce n'est que sur des questions formelles que les enfants parlent de ce qu'ils ont fait et de leurs relations avec le professeur ; et alors, à ce qu'ils prétendent, tout a fort bien marché. S'il n'en a pas été ainsi et s'ils ne peuvent taire une infraction ou un mauvais devoir, oh! alors ce sont vraiment des merveilles de déformation des faits que certains élèves peuvent mettre sur pied.

« Il en va de même lorsqu'à la fin du trimestre ou de l'année arrive le bulletin, qui fait subitement

---

dont les enfants entrent à l'école communale, où il faut indiquer les maladies qu'ont pu avoir les enfants, les accidents et toutes les infirmités physiques ou intellectuelles. Les réponses sont conservées confidentiellement. Leur but est de permettre aux maîtres de tenir compte des défauts des enfants et prévenir des exigences exagérées et des punitions injustes. Avec le temps, le médecin de l'école deviendra un ami indispensable et le conseiller de maîtres consciencieux. » (*Note de l'auteur.*)

choir du ciel de naïfs parents. A ce moment, il y a des élèves qui ne reculent devant aucun mensonge et aucune « calomnie » du professeur injuste, pour peu qu'ils réussissent par là à faire oublier leurs propres fautes.

« Assurément, beaucoup de parents perceront à jour cette tentative de duperie et la puniront comme il convient. Mais d'autres ne se montrent que trop disposés à y prêter foi, parce que, dans leur amour aveugle, ils croient leurs enfants incapables d'un tel mensonge — au grand jamais leur fils ne ment, — parce que leur vanité rend plutôt des étrangers responsables que leurs propres enfants, et parce que des âmes mesquines sont toujours portées à croire les médisances.

« Ce serait du faux orgueil si le professeur, conscient d'avoir fait son devoir, traitait ces déformations et calomnies par le mépris. Il ne peut se dispenser du concours de la maison. Mais si les parents ont une mauvaise opinion du professeur, et voient en lui l'ennemi et l'oppresseur de leurs enfants, alors à la maison, au lieu de la collaboration souhaitée, c'est une vilaine opposition qui se produit. Elle se manifeste en critiques désobligeantes pour l'école, en remarques ironiques et moqueuses sur le professeur, et on entrave ainsi tout son labeur éducatif. Car là où les parents ne dissimulent pas leur hostilité à l'école, la meilleure volonté du professeur et le ton le plus cordial ne réussiront pas à ouvrir le cœur fermé de l'enfant.

« En vérité, il existe plus d'une raison pour pousser le professeur à rechercher le contact avec les familles. On ne pourra sans doute pas toujours exiger qu'il rende lui-même visite aux nombreuses familles, avec les enfants de qui il a affaire. Il saura mieux que personne si une démarche de ce genre est nécessaire ou non. D'ailleurs, le chemin n'est pas plus long pour les parents qui veulent venir le trouver que pour le professeur qui veut aller jusqu'à chez eux. Leur intérêt à une entente réciproque n'est pas moins grand que celui de l'école. C'est pourquoi des parents raisonnables n'ont pas peur de faire ce chemin jusqu'à l'école. Ils savent qu'ils pourront y trouver aide et conseil, s'ils en ont besoin, qu'ils seront exactement renseignés sur la conduite et les progrès de leur enfant, ce qui les préservera d'une insouciance funeste ou écartera des craintes injustifiées. Ils savent qu'ils pourront eux-mêmes apporter des éclaircissements et prendre des mesures pour remettre les choses en bonne voie, s'ils estiment qu'on traite mal leur enfant, et que des explications bienveillantes peuvent faire disparaître bien des malentendus.

« Depuis qu'en Prusse et dans d'autres États allemands on a organisé, ces dernières années, des heures de réceptions, les parents font plus facilement le chemin jusqu'à l'école, et un certain nombre de ceux qui craignaient d'importuner par leurs visites ont été guéris de cette fausse honte. Le résultat serait peut-être encore plus satisfaisant si, au lieu de faire connaître ces heures de réception par l'intermédiaire incertain des enfants, on les faisait connaître par écrit ou par des insertions dans les journaux locaux.

« Lorsque des parents, ayant besoin d'un entretien avec le professeur, ne pourraient se résoudre à venir jusqu'à l'école, on ne devrait pas reculer devant la peine de leur adresser une invitation spéciale. S'ils refusent la main qu'on leur tend, le professeur aura au moins fait tout ce qui dépendait de lui. Les parents ne pourraient s'en prendre qu'à eux-mêmes des conséquences possibles de leur abstention volontaire.

« Sans aucun doute, une entente entre les familles et l'école est beaucoup plus facile au village ou dans la petite ville que dans les grands centres. Dans les petites communes, le professeur a vite fait connaissance avec les habitants, et les occasions de s'entretenir des élèves ne manquent pas. Dans la grande ville, les longues distances séparent déjà les hommes, et leurs occupations multiples, qui les rendent si avares de leur temps, rendent encore bien plus difficile l'entente entre les professeurs et les parents. Et pourtant, c'est là qu'elle serait le plus nécessaire. Car l'influence de la vie dans la grande ville contrecarre souvent l'action aussi bien de la famille que de l'école. Ces deux foyers d'éducation devraient donc s'unir pour un travail en commun, pour arracher les enfants aux dangers variés dont les menace le milieu de la grande ville. »

Après avoir indiqué que dans la grande ville c'est l'instituteur qui, plus que tout autre, a besoin de connaître les asiles de misère, d'où sortent leurs élèves, M. Weimer termine ainsi :

« Au reste, il est incontestable que de nos jours la notion de la nécessité d'une entente réciproque entre l'école et la famille gagne toujours plus de terrain. Ce sont, en particulier, les représentants de l'école qui cherchent de plus en plus à intéresser les parents à leur activité et à inciter ceux-ci à coopérer au travail d'éducation. La plupart des directeurs d'établissements secondaires signalent, dans leurs rapports annuels[1], la nécessité d'une sage coopération des deux parties et invitent les parents à venir causer amicalement avec les professeurs. Dans toutes les écoles, les diverses fêtes annuelles[2] offrent une excellente occasion pour

---

[1]. En Allemagne, il n'existe pas de distribution de prix analogue à la nôtre. Le palmarès est remplacé par une brochure contenant des rapports sur la situation matérielle et morale de l'établissement, où le directeur s'adresse directement aux familles, et le discours officiel et solennel par un travail scientifique émanant d'un des professeurs. (*N. d. t.*)

[2]. Là encore, il existe une différence sérieuse avec nos habitudes. Plusieurs fois par an, notamment au jour de l'anniversaire du souverain de chaque État et au 2 septembre (Sedan), au moment du départ des bacheliers, des fêtes sont célébrées

fortifier, chez les parents, les professeurs et les élèves, le sentiment de communauté. Ici et là, les directeurs organisent des promenades en commun, auxquelles les membres des familles peuvent prendre part. Ailleurs, on a organisé avec succès des « soirées pour parents » qui doivent permettre aux pères et mères de faire connaissance entre eux et avec les professeurs, d'entendre des conférences sur des questions d'éducation et d'enseignement, de se renseigner directement auprès des professeurs sur la conduite et le travail de leurs enfants, et de s'entendre avec eux en cas de malentendu. On a essayé aussi d'appeler des parents dans le conseil de l'école. Cette délégation de parents, choisie parmi les parents d'élèves ou dans toute la commune, devait « représenter le désirs des familles à « l'égard de l'école et faciliter les rapports de l'école « avec les familles ». Sans doute, le résultat a souvent déçu les espérances. Quoi qu'il en soit, cet essai, comme ceux dont nous avons parlé, montre que ce n'est pas la bonne volonté qui fait défaut aux milieux pédagogiques.

« D'ailleurs, n'oublions pas une chose. Il existe

à l'école. Les élèves n'ont pas congé, mais doivent au contraire venir en classe fêter la circonstance solennelle, en compagnie de leurs camarades et de leurs professeurs. Les parents sont invités à participer à ces cérémonies, qui consistent surtout en cantiques et discours à tendance religieuse et patriotique. (*Note du traducteur.*)

aussi une sorte d'entente entre les professeurs et les parents, qui rend inutile le commerce personnel entre les deux parties. Là où de bons parents surveillent et protègent fidèlement les enfants, les dirigent d'une main ferme et affectueuse, les incitent au travail, à la moralité et à la piété, à la modestie et au respect par l'accoutumance et le bon exemple, alors il n'y a plus besoin de conciliabules en commun, le but à atteindre l'est déjà : l'harmonie entre l'œuvre de la maison et celle de l'école. »

Une proposition de M. Weimer.

La question des rapports entre les parents et l'école étant loin de toucher à une solution, la querelle entre les deux partis[1] semblant même devoir s'échauffer, M. Weimer fut amené à intervenir une seconde fois et de façon toute différente. Il le fit dans un article intitulé : Les Écoles secondaires et l'opinion publique, *publié, en novembre 1909, par la* Monatsschrift für höhere Schulen (*Revue mensuelle des Écoles secondaires*).

Après avoir prôné dans son petit ouvrage généreux la bonne entente, il est obligé, avec peine et chagrin, de constater qu'au lieu d'avoir accueilli la main que leur tendaient les professeurs, les parents, certains du moins, font montre d'un mécontentement et d'une aigreur toujours plus vifs. Les attaques contre l'école redoublent, toujours plus injustes et plus impétueuses, si bien, va-t-il nous dire, qu'il est grand temps pour les profes-

[1]. Les deux partis sont d'une part les adversaires de l'école actuelle dont M. Münch et les autres ont exposé et discuté les critiques, et d'autre part les défenseurs de cette école.

seurs de fonder une association pour leur légitime défense.

« L'opinion publique s'est égarée en Allemagne jusqu'à détester et haïr les écoles secondaires à un tel point que la tâche des professeurs, si difficile par elle-même, menace de devenir absolument impossible. Quiconque part en guerre aujourd'hui, dans la presse ou du haut d'une tribune, contre ces écoles, peut compter à coup sûr sur l'approbation du public. Que ses attaques soient aussi exagérées et dénuées de fondement que l'on voudra, on les croit vraies sans les examiner, on les acclame, on les répète. Un Wilhelm Ostwald[1] a pu, devant une réunion de plus de deux mille personnes, élever les reproches les plus passionnés contre la soi-disant misère scolaire, et proposer des améliorations qui ne se distinguaient ni par leur nouveauté, ni par leur précision. Mais les auditeurs étaient visiblement enivrés d'une telle haine contre tout ce qui a nom d'école, ils applaudirent si souvent et si furieusement l'orateur, que celui-ci se vit entraîné à faire imprimer des milliers d'exemplaires de son cri d'alarme. »

Deux élèves se sont suicidés à Charlottenburg. L'enquête officielle a prouvé qu'aucune responsabilité ne retombait sur l'école. Mais l'opinion publique ne s'est pas déclarée satisfaite. Les repor-

1. Professeur à l'Université de Leipzig.

ters sont allés interviewer les uns et les autres, et ont déniché comme motif une gifle qu'un professeur aurait failli donner à l'un d'eux trois mois plus tôt !

A Nüremberg, un élève qui venait d'être reçu au baccalauréat a mis à profit le discours d'adieu qu'il était chargé de prononcer au nom de ses camarades pour reprocher aux professeurs de demeurer encroûtés dans un système d'éducation niveleur, faussement démocratique et digne d'un autre âge! A Wiesbaden, un fait analogue s'est produit. Cette audace, les élèves l'ont acquise depuis qu'ils sentent que les adultes et la presse, non pas la meilleure, mais la plus répandue, les soutiennent. Pour peu que le mouvement s'accentue, adieu toute éducation scolaire !

Mais d'où provient cet état d'esprit ? Ne pouvant en donner, au cours d'un article, toutes les raisons, M. Weimer indique celles qui lui semblent les principales.

« L'histoire du développement de l'enseignement secondaire au dix-neuvième siècle a certainement contribué pour une grande part à la faire naître, et en particulier la lutte gigantesque contre le monopole du gymnase[1]. Cette lutte ne pouvait

1. Nous dirions en France contre le monopole de l'enseignement classique. Le gymnase, comme autrefois l'enseignement classique, donnait seul accès aux Facultés de l'enseignement supérieur. (Voir la note page 5.)

être et ne fut pas limitée aux milieux professionnels. Si les représentants des écoles moins favorisées voulaient remporter la victoire, ils devaient nécessairement chercher à gagner le plus de partisans possible. C'est ainsi que l'on fit sortir le débat hors des milieux universitaires. Par des réunions, par la création d'associations professionnelles, par des pétitions en masse, et avant tout par l'intermédiaire de la presse, on mobilisa l'opinion publique contre le gymnase.

« De cette façon, les reproches plus ou moins justifiés que l'on pouvait adresser au gymnase : manque de contact avec la vie, tendances réactionnaires, dédain de la réalité, négligence de la langue maternelle, ignorance des langues modernes, de l'histoire nationale, tout cela tomba dans le domaine public.

« Les partisans de la culture classique ne manquèrent pas de répondre. Ils repoussèrent de prime abord toute demande d'égalité en affirmant l'infériorité d'une culture moderne, et, au cours de la querelle, ne ménagèrent pas les horions à leurs adversaires. Naturellement, ils firent eux aussi appel à l'opinion publique par la voie de la presse et des réunions publiques. Assurément, cette longue querelle a eu du bon, et ne serait-ce que l'abolition du privilège du gymnase par le décret du 26 novembre 1900.

« En tout cas, les esprits se sont sérieusement

apaisés depuis lors. On ne se refuse plus la reconnaissance réciproque de la valeur des deux cultures; on avoue des deux côtés que la méthode vantée par les adversaires est, elle aussi, capable d'atteindre à ses fins. Mais si telle est aujourd'hui la conviction sincère de la majorité de nos collègues, alors il faut bien admettre que sinon toutes, du moins beaucoup de critiques de jadis étaient exagérées, que dans la chaleur de la bataille on s'est laissé entraîner à faire des affirmations qu'on ne peut plus maintenir aujourd'hui à tête reposée. Notre honneur ne sera pas atteint si nous retirons quelques-unes de ces paroles précipitées et exagérées. Mais il y a *une faute* au moins que nous ne pourrons plus réparer. Ces prétendus défauts, que pendant des années nous avons dévoilés au public, nous ne les ferons pas aisément sortir de sa mémoire. Il oubliera peut-être le détail des critiques, mais la conviction globale que l'école secondaire retarde sur son temps, voilà ce qui restera ancré dans son esprit. »

A ce débat général sur la valeur de l'enseignement classique ou moderne vinrent s'ajouter d'autres discussions sur des points particuliers de méthode pour l'enseignement des sciences naturelles, des langues vivantes, du dessin, de la religion, etc. Point de branche de l'arbre qui n'ait été agitée. Assurément cette activité témoigne d'un intérêt sincère aux questions d'enseignement, et de ces luttes sont sorties de sérieuses améliorations. Mais ce qui est regrettable, c'est la manière dont on combat. On ne se contente plus de discuter entre soi; on s'épanche dans la presse, on en appelle aux uns et aux autres.

« Or, nous vivons à une époque très prompte à la critique, qui dans son agitation nerveuse trouve à reprendre et à bouleverser partout. Ce sont précisément les classes dirigeantes qui ont à souffrir de cet excès de critique. Les prêtres, les médecins, les magistrats, les officiers, les employés d'administration n'ont pas moins à s'en plaindre que nous. Tout récemment, les juges n'ont-ils pas fondé une association pour mieux défendre ses membres et leur travail contre des attaques injustifiées de la part du public? Et les productions d'un Bilse, Beyerlein, von Schlicht[1] ont-elles trouvé un si grand nombre de lecteurs grâce à leurs qualités littéraires, ou bien ne les doivent-elles pas plutôt à leurs critiques acerbes contre l'armée allemande et son corps d'officiers? Il me semble que le succès de *Petite garnison* ne peut laisser aucun doute sur ce point. A une pareille époque, les adversaires radicaux des écoles secondaires ont beau jeu. »

---

1. Romanciers qui ont violemment critiqué l'armée dans des œuvres bien connues et intitulées respectivement : *Petite garnison, Iéna ou Sedan, Gens de la haute*. (*Note du traducteur*.)

Une autre raison du discrédit des écoles secondaires est de tout autre nature. L'État ayant besoin de bons employés, de bons fonctionnaires, les recrute par des examens et des concours, afin de pouvoir choisir les meilleurs parmi les candidats. Plus la fonction est élevée, plus les exigences sont considérables. Mais un préjugé, indéracinable jusqu'ici, s'oppose à la réalisation de ce plan.

« Ceux-là seuls qui ont le *diplôme* passent dans notre patrie pour cultivés, et ceux qui ont pu se pousser jusqu'à l'Université jouissent d'une considération toute particulière. Et c'est ainsi que, par ambition, un père fait entrer de force son fils dans la carrière scolaire, pour laquelle il n'est en aucune façon doué. Qu'il arrive jusqu'au bout, sinon la famille est déshonorée ! Combien de milliers et de milliers d'enfants ont été déjà sacrifiés à cette folle ambition, sans autre profit que de mettre à la torture les professeurs, les parents et eux-mêmes ! Naturellement, on n'a pas le courage de reconnaître d'habitude son propre tort, mais on en veut et on s'en prend à l'école avec son fatras inutile et désuet, on critique les professeurs — car il est bien entendu qu'on ne sépare pas la personne de la chose — avec leurs exigences démesurées, leur entraînement excessif et leur sévérité cruelle. Voilà le terrain où la haine de l'école a pris racine et où elle puise aujourd'hui encore le meilleur de sa nourriture. »

Il est temps pour les professeurs de s'unir pour se défendre et pour attaquer, puisque aussi bien l'offensive est encore la meilleure manière de se protéger. Jusqu'à ce jour, les professeurs allemands sont demeurés pour ainsi dire immobiles sous les coups, lorsque même ils ne se querellaient pas sous les regards ironiques et satisfaits de leurs adversaires. Quelques hommes éminents comme M. Friedrich Paulsen, M. W. Münch, M. A. Matthias ont pris courageusement leur défense. Mais la masse des professeurs ne les a pas soutenus, trop absorbée qu'elle était par les questions de traitement, d'avancement et d'indépendance sociale. Sur ce point, les professeurs l'ont emporté. Qu'ils songent maintenant à lutter pour qu'on reconnaisse et apprécie le labeur auquel ils consacrent leur vie.

Par quels moyens entreprendre cette lutte ? Évidemment par ceux mêmes qu'emploient les adversaires : par la presse et par les réunions publiques. Avec du dévouement et quelque talent, pourquoi ne réussirait-on pas aussi bien qu'eux ? Il faut aussi que la mentalité des assemblées de professeurs se transforme. Qu'on y discute moins de questions pécuniaires ou d'intérêt spécial, et beaucoup plus de questions de pédagogie et d'éducation. Qu'on organise des soirées où l'on pourra intéresser et éclairer les parents Que les professeurs, comme cela se fait parfois à Berlin, se rencontrent en des réunions amicales avec les grands élèves afin de causer avec eux. En tout cas, agissons, car la nécessité d'une action est urgente.

« Mais qui devons-nous attaquer ? va-t-on demander. Eh bien ! ceux qui aujourd'hui ont le moins conscience de leurs devoirs d'éducateurs : la famille, la société. Nous serions certainement dans notre tort si nous voulions les accuser dans l'intention de rejeter sur elles nos propres fautes. Non, sous aucun prétexte. Mais la famille et l'entourage sont des facteurs éducatifs si importants que, sans leur concours, il nous est impossible de faire tâche utile. Sont-ils sans action, il s'ensuit nécessairement que le travail de l'école devient inutile. Or, il arrive malheureusement que leur concours nous fait trop défaut; souvent même, ils travaillent ouvertement ou en secret à l'encontre de nos efforts. Les défauts de l'éducation domestique nous apparaissent tous les jours avec une effrayante netteté. Il n'est pas nécessaire de les rappeler ici en détail. Et tous ceux qui, sachant voir, se promènent dans les rues de nos villes, regardent les devantures des libraires et marchands de cartes illustrées, jettent un coup d'œil dans les cinématographes et les biophones avec leurs réclames alléchantes, observent les fêtes, les foires avec leurs spectacles « modernes » (sans parler de la vie nocturne des grandes villes), ceux qui le lundi matin regardent les visages engourdis de sommeil de leurs élèves et leur demandent ce qu'ils ont fait la veille au soir : ceux-là découvrent une mine presque inépuisable de péchés de notre temps et de notre société, dont la jeunesse a cruellement à souffrir.

« Nous devons les combattre en public et dans le privé, vis-à-vis des élèves comme des parents. Chacun de nous peut apporter sa part à cette œuvre. Mais n'attendons pas, comme on le fit presque toujours jusqu'ici, que les autres nous accusent, si nous ne voulons pas que notre contre-attaque ressemble à une échappatoire et perde toute valeur. Sans doute, nous ne devrons jamais nous laisser entraîner à des attaques haineuses ou personnelles, sous peine de manquer aussitôt le but que nous voulons atteindre. Mais nous disposons de deux armes puissantes : les faits et le savoir. Avec leur aide, nous pourrons appeler l'attention de la famille et de la société sur leurs propres défauts et leur rappeler leurs propres devoirs. »

« Et cependant ce ne doit pas être la seule et dernière tactique. Nous ne voulons pas jouer le rôle de pharisiens, si complaisants pour eux-mêmes, que la masse de nos adversaires a joué si volontiers jusqu'ici. Cela nous causerait les torts les plus graves, arrêterait tout progrès et nous conduirait à l'enlisement. Nous voulons et devons avant tout exercer la critique de nos propres actes.

Par là, il ne faut pas entendre une critique sur le résultat total de notre corporation, — car une telle critique est beaucoup trop difficile et presque impossible à bien peser, — mais une critique de chacun de nous sur lui-même et sur son propre travail. Il ne devra pas se demander seulement : Que fais-tu ? qu'est-ce que les élèves apprennent avec toi ? On peut être un maître en science et habileté pédagogiques et en même temps mettre constamment les élèves au supplice.

« Que chacun se demande plutôt : « Où en es-
« tu avec tes élèves ? qu'ont-ils été pour toi jus-
« qu'à ce jour ? que peux-tu être pour eux ? ».
Cette question, si intimement personnelle, est, à mon avis, le point capital de toute la pédagogie pratique. De tout temps on s'est plaint des peines et des misères des élèves. Ces plaintes ne cesseront jamais entièrement dans l'avenir. Mais jamais il n'a manqué non plus de professeurs, sachant rendre supportable le séjour dans les étroites salles de classe, et s'attachant les élèves par des chaînes indéchirables. Ces chaînes étaient l'amour de la jeunesse. Ce n'est pas un don qu'on reçoit sans le vouloir, il faut lutter pour le conquérir comme pour acquérir un trésor précieux et incomparable.

« De nos jours il est doublement difficile, mais doublement nécessaire aussi d'y parvenir. Car nous vivons à une époque où l'autorité officielle du professeur ne suffit plus à le soutenir, et une époque où l'élève veut faire valoir sa qualité d'homme. Il faut donc chercher en soi-même les sources de sa puissance et de son influence éducatrice. Si la querelle actuelle au sujet de l'école amenait beaucoup d'entre vous à faire ce retour en eux-mêmes, elle aurait eu finalement de bien heureux résultats. »

Opinion de M. Münch sur l'article de M. Weimer.

Un article d'une telle importance ne pouvait certes pas laisser M. Münch indifférent. Dans un article publié par la même Revue mensuelle pour l'Enseignement secondaire en janvier 1910, M. Münch revient sur cette grave question. Après avoir donné son approbation entière aux idées de M. Weimer et indiqué que lui-même souhaitait depuis longtemps voir les professeurs s'organiser pour se défendre contre des attaques injustes, il continue ainsi :

« Pendant des années, les professeurs n'ont évidemment pas bien su quelle était l'opinion à leur égard. Il y avait longtemps qu'un sentiment de tout autre nature que la confiance était répandu dans le public, avant que l'on en vînt aux violentes critiques publiques. Pour ma part, j'en ai toujours eu d'autant mieux connaissance que je n'exerçais plus dans la pratique. Car les parents n'ouvrent pas volontiers leur cœur au directeur ou professeur en fonction. Leurs réclamations faites sur un point précis, on peut aisément les réfuter, et aux jours de fête dans la vie scolaire tous les propos sont empreints d'une respectueuse solennité. Il en va à peu près comme des prêtres : lorsqu'une circonstance joyeuse ou triste dans la vie familiale les amène au foyer, on ne dit pas que d'ordinaire on ne pense point à leur ministère sans hausser les épaules.

« Quand il s'agit de l'école, on ne se contente pas de hausser les épaules. L'expression « haine de l'école » est connue chez tous les gens de notre génération et a acquis droit de cité. Et ce n'est pas en répétant *oderint, dum metuant* qu'on y répondra. Pas plus qu'en se disant : Nous avons une fonction, des instructions, des prérogatives officielles; si par là nous gênons ou déplaisons, que nous importe?

« Il se peut que quelques professeurs raisonnent ainsi; il se peut que les tempéraments de « cuistres » n'aient pas encore complètement disparu et que quelques-uns, du haut de leur chaire, regardent avec mépris toute l'humanité, et de même qu'ils se plaignent éternellement de la bêtise générale et incurable de leurs élèves, estiment que cette bêtise n'est pas moins répandue au dehors, s'en rient ou s'en lamentent. Mais cette superbe, qui sent bien son esprit borné, ne vaut plus rien aujourd'hui. Cette façon d'apprécier la jeunesse prouve beaucoup plus en faveur de l'élève lui-même que du maître. Et à notre époque remuante, entreprenante, pratique, sûre d'elle, on ne peut que se couvrir de ridicule avec cette fierté de maître d'école.

« Quoi qu'il en soit, il est possible qu'on ait gardé trop peu de contact avec la vie, et que l'on réclame même comme un droit de rester étranger au monde, que l'on considère même cela comme une sorte de saint ministère, que l'on n'ait pas su trouver la note juste pour bien répondre, ou négligé les occasions de se défendre. Mais il se peut aussi que l'on manque d'une vue profonde des problèmes réels, et des raisons psychologiques des réclamations élevées par le public, vue qui serait nécessaire pour prendre la parole avec une supériorité réelle. Et vraiment il n'est point facile de voir clair dans l'ensemble de ces raisons. Il faut comprendre l'époque dans son ensemble et dans son essence, si l'on veut parler avec autorité. Il faut être capable d'embrasser d'un seul regard l'idéal et la réalité. »

M. Münch conçoit bien que les professeurs répugnent à prendre leur propre défense. Mais ils vont bien y être contraints par la nécessité. Et il y a déjà des années que des étrangers lui ont témoigné leur surprise de la patience avec laquelle les professeurs allemands supportaient les critiques les plus injustes. Ni la délicatesse, ni une certaine pudeur ne peuvent tenir, d'ailleurs, contre un fait grave : il y va non seulement des intérêts des professeurs, mais encore de leur mission éducatrice.

« Et qui sont ces propagateurs de l'animosité contre l'école? Des romanciers qui, en peignant de façon émouvante une tranche de douleur humaine, font plaisir à eux-mêmes et à une foule de lecteurs; d'autres qui sentent en eux-mêmes au moins une espèce d'âme poétique, des hommes d'imagination, qui éprouvent ce dressage de l'intelligence imposé aux enfants comme une injustice flagrante; des femmes qui, soulevées par le souffle de la grande émancipation, poursuivent le renouvellement de toutes les grandes institutions humaines et saisissent beaucoup mieux que les critiques masculins le langage de la passion emflammée[1]; de tendres idéalistes qui voient dans les défauts naturels de l'école et les imperfections de l'enseignement quelque chose d'horrible et jettent de hauts cris; des théoriciens étroits, qui voudraient tout reconstruire en partant de leur principe unique; des esprits accessibles seulement aux sciences de la mesure, de la balance et du microscope; des écrivains de qualité inférieure qui se sont laissé suggérer des idées et des états d'âme, entonnent la chanson que souhaitent leurs contemporains, la portent au *crescendo* afin de faire le plus d'effet possible, et qui, peut-être sans aucun sérieux moral, se complaisent dans le bruit,

---

1. M. Münch songe de nouveau à Ellen Key et à ses adeptes féministes. (*Note du traducteur.*)

APPENDICES.

les insultes et les menaces; des pères profondément désappointés, qui voient que l'école n'est pour leur fils qu'une source d'ennuis et dont les doutes et les désillusions se condensent en sourde colère; les décadents à qui toute sévérité, toute force et toute rudesse bien saines causent du frisson ; enfin quelques professionnels isolés de la pédagogie, qui sont entrés dans cette profession sans jamais s'y sentir bien à l'aise, ou qui subitement ont été assaillis par un doute qui les a jetés hors du bon chemin.

« Dans tous leurs discours, que d'affirmations injustifiées, de peintures inexactes, de jugements faux ! Quiconque connaît un peu la réalité s'en rend aisément compte et n'aurait pas grand'peine à le montrer dans chaque cas particulier. On pèche par exagération, par étroitesse, par généralisation hâtive, par parti pris exagéré, par légèreté optimiste comme par indignation pessimiste, par méconnaissance des fins véritables de l'éducation, par manque d'expérience réelle, par déplacement des responsabilités en dégageant ceux qui devraient les supporter, par plaisir à tout bouleverser, et par bien d'autres raisons encore. On pèche surtout en commettant une erreur singulière. Car, dans tout ce que nous venons d'indiquer, il se peut que l'on n'ait tort qu'à demi : on découvre réellement certains points faibles, et où soupçonne ce qui a vraiment besoin d'être transformé, on manifeste parfois un sentiment juste des fins à poursuivre dans l'avenir...

« Mais le tort de la critique consiste surtout en ceci que l'on admet un état rigide et stationnaire de notre enseignement secondaire, et qu'on ne voit absolument pas les améliorations qui s'accomplissent d'année en année. Amélioration non seulement de la méthode, qui aux yeux de plus d'un critique équivaut d'ailleurs à un emprisonnement d'autant plus étroit des esprits et peut bien avoir quelque peu cette influence, non seulement de l'organisation et de la sécurité disciplinaire des professeurs, mais amélioration en un meilleur sens du mot... Ce que les adversaires de l'école réclament comme une révolution immédiate et totale a déjà été réalisé en silence par une évolution et une amélioration progressives. D'autres modifications au contraire, que l'on souhaite aujourd'hui, ne feraient que rétablir ce qui exista autrefois et fut abandonné parce qu'on a trouvé beaucoup mieux, ou bien ces revendications sont trop précaires pour qu'on puisse y donner suite. Ce n'est pas le premier venu qui peut savoir combien est compliquée la tâche de former un homme cultivé, combien de considérations et de questions s'entremêlent, et quelle est la portée de toute intransigeance. »

En présence de cette situation, le devoir des professeurs est tracé. Ils ne doivent ni rester inactifs sous les coups, ni fermer leurs oreilles aux voix qui s'élèvent. Ils doivent tout écouter, apprécier, puis accepter ou rejeter. Il est plus important pour eux de connaître la vie contemporaine que de se confiner, sitôt la classe terminée, dans quelque travail philologique, historique ou scientifique. Si le professeur doit être un savant, comme des pédagogues l'ont demandé en Allemagne, « il faut prendre le mot au sens le plus large et entendre par là une compréhension aussi vivante que possible de sa spécialité, et l'essentiel serait d'en tirer tout l'élan intellectuel possible. Puis la seconde partie de la tâche, la besogne éducative, devrait conserver ou acquérir la prépondérance, et cela non seulement au sens utilitaire d'activité et de satisfaction personnelle, mais au sens de la compréhension psychologique et du goût pour les problèmes actuels ou futurs...

« Les professeurs de l'enseignement secondaire ne doivent pas rester étrangers à la vie active des contemporains, ni s'intéresser à peu de choses seulement en vrais pédants — et d'autre part ils doivent s'en tenir au solide milieu de tous les courants du jour, et chercher sans cesse le mieux.

« La société actuelle les y invite plus que jamais. Car à quelle époque vivons-nous ?... Le présent nous apparaît à la fois très jeune et très positif, positif en ceci qu'il songe surtout aux conquêtes sûres de la culture technique et des conquêtes moins sûres des sciences naturelles. Il voit dans des gains purement formels, dans la facilité toujours plus grande de se mouvoir sur terre, un bien positif. La divinité qui trône au-dessus de tous les intérêts actuels et foule aux pieds toutes les autres valeurs, c'est la déesse « Communication ». Arriver à se mouvoir aisément, voilà le suprême bonheur; mais on ne marche guère vers des buts un peu élevés. On n'entend parler que de la formation de la volonté, mais il ne s'agit que de la volonté dirigée vers un but quelconque, proche et bien délimité. Et, par-dessus tout, ce qui caractérise notre époque c'est l'avidité de vivre sous toutes les formes. Le rajeunissement corporel par les sports a pris lui aussi les caractères d'une semblable avidité... »

« *N'est-il pas visible*, écrivait récemment un auteur français, *que la vie tend à se matérialiser, j'allais dire à se brutaliser ?* On s'en rend bien compte en voyant toutes les anciennes valeurs perdre de leur importance. La notion d'autorité ne trouve pour ainsi dire plus de place nulle part. Le devoir, la soumission ou l'entente, l'obéissance sont considérés avec dédain ou hostilité. Tout cela cède devant les droits de l'individualité, même lorsque celle-ci n'a par elle-même point de valeur.

« On méprise aussi la culture d'un patrimoine commun, intellectuel et moral, qui dépasserait l'égalitarisme dans les formes, les formules, les habitudes et les intérêts sportifs. On oublie totalement que l'éducateur n'a pas uniquement à favoriser le développement de la personnalité, mais aussi à endiguer celle-ci, et à transmettre aux jeunes générations les acquisitions successives de l'humanité et de la nation. On a parlé des bataillons ouvriers en marche avec un bruit de tonnerre ; on pourrait aujourd'hui dire que le lourd pas égal des masses (en prenant ce mot au point de vue intellectuel) écrase mille nobles choses qui semblaient dignes de prospérer. C'est une triste époque, si belle puisse-t-elle paraître à des regards superficiels. Et si bien des hommes ont l'impression d'être emportés à travers les airs, qu'ils n'oublient pas que ce ne sont pas les choses les plus pleines qui volent le plus facilement. Au total, il ne fut point dans le passé d'époque de décomposition aussi profonde : les bouleversements de la Renaissance, de la Réforme, du dix-huitième siècle, allèrent sans conteste moins loin et contenaient surtout plus de germes de nouveautés positives. »

« Aussi les professeurs ont-ils mieux à faire que de défendre simplement leur corporation contre des attaques injustes. Sans doute, leur première tâche est de justifier leur activité professionnelle contre des critiques irraisonnées. Mais au delà, ils devraient voir que leur tâche est de répandre une notion juste de la vraie culture, de la civilisation, des valeurs nationales et humaines.

Peut-être ces prétentions semblent-elles trop générales, trop hautes. Mais il y a des degrés et des nuances dans la manière de les soutenir, et bien des tons aussi. L'œuvre précise que les professeurs peuvent accomplir aujourd'hui, il me semble que Weimer l'a exposée d'une façon presque complète, et je ne puis que la recommander à nouveau, chaleureusement, aux intéressés. »

« Je voudrais toutefois ajouter une proposition de moindre importance, mais qui ne me semble nullement insignifiante. On croirait que pour l'instant il est établi que les meilleurs élèves de nos gymnases deviennent dans la suite des hommes sans valeur réelle, et que les élèves dédaignés au gymnase deviennent les véritables hommes de valeur. Quelle critique foudroyante des principes sur lesquels est bâtie l'école ! Quel beau témoignage en faveur de la pénétration psychologique des professeurs !

« Pourquoi accepte-t-on que cette conviction se propage toujours davantage ? Elle ne repose sur rien dans la réalité. Presque tous les bons élèves deviennent dans la suite de bons citoyens, et les grands hommes ont presque toujours bien réussi en classe. Les exceptions assez nombreuses, que nous reconnaissons volontiers, s'expliquent par des dispositions particulières (p. ex. dispositions artistiques), ou par la marche spéciale de leur développement (qui est souvent très irrégulière, surtout chez les natures rares), ou par le mauvais milieu scolaire où ils se trouvèrent (un enfant doué pour les sciences exactes a pu tomber entre les mains de philologues), et d'autre part par le danger de mal réussir, qui est précisément plus grand pour les mieux doués. Du reste, il ne serait pas difficile de montrer par une foule d'exemples (anciens élèves de chaque gymnase) ce qu'il en est du jugement de l'école et de la valeur postérieure dans la vie. Je voudrais inviter les professeurs à fournir beaucoup de statistiques de ce genre... »

« Il est beau, sans doute, de pouvoir, entre ses heures de classe, travailler pour soi, se sentir à nouveau un étudiant, un disciple de la science, et de vivre ainsi dans une éternelle jeunesse. Mais lorsqu'il s'agit d'un effort scientifique de grand style, cela n'est que plus beau. La psychologie pédagogique fleurit en même temps dans tous les pays civilisés les plus divers. Elle n'est pas quelque chose de rigide, de mort et de schématique, ou en tout cas n'a pas besoin de l'être. Et si l'on veut avoir le droit de se mêler de questions d'éducation à l'heure actuelle, il faut ne pas perdre contact avec cette science. Il faut tout d'abord prouver aux parents que l'on est expert en cette matière, ou pour le moins un chercheur passionné. Si les professeurs, avec orgueil et froideur, négligeaient toute cette étude, ils se diminueraient grandement. Dans plus d'un lieu de notre pays, on s'en rend heureusement compte. Ne nous risquons pas à rechercher si, dans d'autres, on l'oublie et pour quelle raison... »

« Parmi toutes les propositions de Weimer, il n'en est point dont on ne puisse espérer un bon résultat : discussion vivante de questions pédagogiques, soit entre collègues, soit aussi avec une certaine publicité, dans des conférences, des rapports, des heures de réception, dans des soirées pour parents, dans des feuilles locales ou régionales. De la sorte, on n'en viendrait pas à se disputer avec des gens qui, pour être moins compétents, n'en sont que plus hardis ou plus habiles ; on empêcherait surtout que le pédagogue de profession ne se mette véritablement dans son tort par son étroitesse de cœur ou son rigorisme excessif. Toutes ces mesures seraient tout à fait souhaitables. Et de même : relations régulières entre les professeurs et les anciens élèves de l'établissement, comme cela se produit dans beaucoup d'endroits et en particulier dans notre capitale. Parmi toutes ces propositions de Weimer, la plus importante est celle de fonder, ou bien, puisque la fondation peut avoir eu lieu quelque part, de faire fonctionner activement un comité de presse pour se défendre contre les critiques injustes et pour faire connaître au public le véritable état des choses. Il va de soi qu'il faudrait s'efforcer de décider un certain nombre des journaux les plus importants (c'est-à-dire les plus honorables ou du moins les plus influents) à accepter des articles, et cela serait bien possible. Puis il faudrait, chose plus importante encore, ne pas négliger dans ces manifestes publics les attaques à côté de la défense, les attaques contre les négligences et les erreurs souvent énormes dans l'éducation familiale, telle qu'elle est donnée aujourd'hui, et contre les fautes de la société. »

« Car rarement la mentalité sociale fut plus défavorable qu'aujourd'hui à l'œuvre d'éducation. Et là je pourrais reprendre le thème de tout à l'heure et le développer avec de nouvelles et plus inquiétantes variations. Je pourrais parler du règne incontesté de la sensualité, de la décadence volontaire de la vie nerveuse (contre laquelle tous les sports et endurcissements de la peau sont impuissants), de la glorification de la vie instinctive individuelle, de la quantité colossale de crimes les plus antinaturels, des horribles forfaits quotidiens, de l'amour furieux et vulgaire du sensationnel, de l'abaissement du théâtre moderne (qui vaut presque la trop célèbre situation du théâtre anglais dans la seconde moitié du dix-huitième siècle), de l'exposition tolérée de pornographies, de l'impuissance des administrations publiques contre une immoralité croissante, de la faiblesse effective de la religion qui réglait autrefois la vie la plus intime des hommes, et de bien d'autres crimes encore.

Comme contrepoids, on ne trouverait au fond qu'une fébrile activité, de l'intérêt pour les questions d'hygiène, et aussi, il faut le dire, pour l'organisation sociale, pour les progrès sûrs de la technique et la réussite de certains arts techniques. Mais n'insistons pas. Signalons seulement ce seul point encore : le manque de surveillance sur les lectures (et les autres distractions) des enfants de la part des familles, dont on peut se rendre compte au premier endroit venu.

« Assurément — et il nous faut revenir expressément là-dessus — nos attaques, si justifiées soient-elles, n'auront de succès et même ne seront subjectivement fondées que si elles marchent de pair avec une vue profonde des problèmes de notre époque et de l'éducation. La compréhension des besoins effectifs des divers âges, les droits de la spontanéité, les occasions de libre développement de la personnalité, les exigences justifiées d'individualités vraiment remarquables ou particulièrement douées, le juste équilibre entre la réceptivité et la productivité intellectuelles, le rôle véritable de la poésie et de l'art en général dans l'éducation, la distinction aussi poussée que possible entre les jeunes individualités, la surveillance attentive du développement de certains élèves, les symptômes des nombreux petits phénomènes pathologiques saisissables même dans une classe ordinaire, la concession jusqu'à un certain point d'une administration des élèves par eux-mêmes dans un établissement, les autres moyens de réaliser une vie scolaire harmonieuse : voilà sans doute assez de problèmes théoriques et pratiques.

« Ou bien quelques hauts dignitaires estimeraient-ils que de semblables libres recherches pédagogiques ne sont point du ressort des professeurs secondaires? ou même dangereuses? Faut-il que l'on se contente de suivre les instructions officielles, d'observer les plans et méthodes d'études, de faire connaître les résultats du savoir et de maintenir la discipline? Dans ce domaine, les professeurs allemands ont déjà produit de trop bons résultats. L'étranger leur en apporte le témoignage. Mais on ne peut plus aujourd'hui se contenter de ces résultats. Pour revenir à ces dignitaires, nous avons parlé des professeurs, en admettant toujours que directeurs et inspecteurs marcheront avec eux; ils n'auront pas pour cela besoin de cesser d'être des chefs. »

« Ou bien les élèves, dans leur infériorité totale, ne valent-ils pas qu'on leur consacre tant de réflexion? Quiconque méprise l'objet de son activité se rabaisse lui-même. S'il ne s'agit que de garder un troupeau, le professeur n'est lui-même qu'une manière de pâtre de village. Il peut vraiment être beaucoup plus. Qu'il se donne de la peine dans l'intérêt de sa considération, de son rang dans l'estime publique, s'il ne veut pas le faire dans l'intérêt général; ou dans cet intérêt général, s'il ne veut pas songer à lui-même. Il en vaut la peine dans tous les cas, et qu'on ne craigne donc pas l'effort nécessaire pour s'engager dans de nouvelles voies, s'il le faut. Et l'on doit pouvoir toujours le faire, si l'on ne veut pas être réellement vieux et démodé. »

Le droit des parents à l'école.

M. Otto Ernst, ancien professeur de lycée, est, en Allemagne, l'un des adversaires les plus connus du régime scolaire actuel. Deux comédies et deux romans, publiés par lui, ont, dans ces dernières années, remporté un énorme succès. La comédie : M. Flachsmann éducateur, en particulier, fut jouée sur toutes les grandes scènes d'Allemagne. Mais M. Otto Ernst se défend, et à juste titre, d'être un anarchiste pédagogique. Son but n'est pas le bouleversement total de l'école allemande, mais son amélioration. Il est trop averti des difficultés soulevées par toute réforme pédagogique, pour se leurrer de l'espoir qu'en faisant le contraire de ce qui se pratique aujourd'hui on arrivera aussitôt à trouver la solution idéale. Ceux qui jadis l'applaudissaient, sans toujours le comprendre, crieront peut-être à la trahison. Peu importe, M. Otto Ernst rompt nettement avec eux et proclame fièrement son désir de chercher une solution neuve assurément, mais aussi raisonnable et pratique. Dans son dernier ouvrage[1], *plus d'une de ses opinions se rapproche de celles que soutient M. Münch, bien que*

---

1. Otto Ernst, *Lasst uns unsern Kindern leben* (Vivons pour nos enfants). Leipzig, 1912.

M. Otto Ernst demeure plus visiblement mêlé à la lutte immédiate et ardente, et n'atteigne pas à la même élévation impartiale et sereine.

Un chapitre de ce livre est intitulé : *Les droits des parents sur l'école.* Titre hardi et clair. L'État, en Allemagne surtout, s'est peu à peu arrogé le droit d'organiser et de diriger l'école à son gré : il voulait demeurer seul juge et maître. Les parents s'étaient laissé déposséder de leurs droits, naturels pourtant, à donner à leurs enfants l'éducation qu'ils jugeaient bonne pour ceux-ci. Ils avaient admis l'axiome que tout enfant, membre futur de la communauté, devait être confié aussi tôt et aussi largement que possible aux représentants officiels que cette communauté déléguait au soin de les éduquer et de les instruire. Or, les parents se sont aperçus, depuis quelques années, que l'instruction et l'éducation dispensées par l'État ne répondaient plus à leurs désirs. « Il faut donc soulever les parents contre l'école moderne, qui est si peu moderne. »

Oh ! il ne s'agit point d'un appel aux armes ; il ne s'agit même pas d'aller relancer à tout instant les directeurs pour leur demander des explications. Il faut simplement leur faire connaître que les parents ont renoncé à ignorer ce qui se passe derrière les portes, et qu'ils se rendent compte que ces enfants, dont on façonne les esprits et les cœurs, ce sont les leurs. La question scolaire les touche directement, et ils peuvent répéter à bon droit : *Nostra res agitur.*

Qu'ils ne se laissent point effrayer par les cris de certains pédagogues retardataires, incorrigibles et inaccessibles à toute idée nouvelle, pas plus que par la passivité administrative. Qu'ils fassent entendre hautement leurs revendications.

Mais lesquelles? Ils demanderont à l'école ce que la vie exige d'eux-mêmes. Il est temps que la devise trop connue, et si peu suivie : *Non scholae, sed vitae discimus,* devienne une vérité. Est-ce à dire que l'école doive mettre les élèves en état d'entrer, au sortir du lycée, dans n'importe quelle carrière ? C'est là ce qu'elle a cru jusqu'à ce jour, et c'est pour cette raison qu'on « entasse dans le sac une masse énorme de choses les plus hétérogènes ». On dirait un de ces arbres de Noël pour enfants où il y a le même nombre de cadeaux semblables pour chacun d'eux. Et alors chacun se demande, dès qu'il est devenu ingénieur, commerçant ou officier : Mais pourquoi donc ai-je été obligé d'apprendre toutes ces choses qui me sont inutiles aujourd'hui ? Et pourquoi contraindre tous les enfants, quelles que soient leurs dispositions et leurs goûts, à faire le même travail ? Non, réagissons contre cette conception fausse, et disons à l'école : « Donnez à nos enfants l'occasion d'apprendre tout ce qu'ils voudront, alléchez leur esprit, invitez-les à apprendre autant que possible, mais ne les forcez pas à tout apprendre, n'accrochez pas le même sac à toutes les épaules, même si elles sont réunies dans la même salle de classe. »

En un autre sens encore, l'école commet une erreur en voulant enseigner un peu de tout à tous. « Que demande, en effet, la vie à l'homme ? qu'exige de lui toute profession dès le premier jour et sans répit ? *De l'action*. Et que lui donne l'école ? *Du savoir*. De quoi se plaignent partout les professeurs de médecine et de sciences naturelles ? De ce que leurs élèves ne savent ni voir, ni entendre, ni expérimenter, ni même dessiner. De quoi se plaignent les juristes ? De ce que leurs élèves n'ont pas la moindre notion des rapports économiques et sociaux. De quoi se plaignent théologiens et pédagogues ? De ce que leurs élèves n'ont jamais vu que des livres, jamais des hommes ni des enfants. De quoi se plaignent les officiers ? De ce que leurs soldats ne savent pas se reconnaître sur le terrain, ni apprécier les distances. Le jardinier ? De ce que son apprenti ne sait pas saisir une bêche. Le charpentier ? De ce que son apprenti est incapable de mesurer proprement une poutre. Et ainsi de suite, à l'infini. Tous se plaignent d'une culture qui ne se détache pas du livre, et qui nous rend étrangers au monde des sens et des faits, auquel nous aurons pourtant affaire... Cultivez les sens, formez la main, formez le corps tout entier en tant qu'organe récepteur et créateur; conduisez l'enfant hors de la salle de classe, pour le conduire en pleine nature. L'avenir de notre éducation est dans le plein air et dans la liberté, dans la vision et dans l'action. »

S'il en est ainsi, et si l'action passe avant le savoir, il apparaît clairement que cette revendication « n'a pas d'ennemi plus dangereux, plus opiniâtre, plus irréductible que l'illusion funeste qui veut qu'on ne puisse acquérir une culture solide qu'à l'aide des langues anciennes ». Oui, c'est bien là une grave erreur, et si dans la vie on compare des hommes ayant reçu les genres d'instruction les plus divers, ce n'est pas toujours celui qui sort de l'enseignement classique qui aura l'avantage. « Les professionnels de la philologie ancienne n'ont paru ni plus intelligents, ni plus sots que les autres gens : on n'a pu découvrir en eux un accroissement notable de leurs facultés. Mais on pourrait, en revanche, montrer que la supériorité que dans ces derniers temps les Allemands ont acquise dans certains domaines sur d'autres nations n'a guère de connexion avec la culture classique. » Même en admettant que cette culture classique soit loin de nuire à ceux qui étudieront dans la suite les sciences exactes, on peut se demander : « Pourquoi cet essor de l'Allemagne coïncide-t-il si exactement avec l'apparition et l'affirmation d'un idéal de culture réaliste, avec l'étude plus approfondie des sciences exactes ? » Que les parents fassent donc valoir leurs droits et disent : « Nous ne voulons plus que l'avenir de nos enfants dépende de leur connaissance plus ou moins imparfaite de deux langues mortes ; jugez-les, faites-les monter dans la classe supérieure uniquement d'après leur intelligence, les résultats qu'ils obtiennent, leur zèle, leur valeur morale, mais n'essayez pas de nous faire croire que sans grec et latin on ne peut être ni intelligent, ni zélé, ni capable de faire de bonnes choses. Supprimez le grec et le latin comme matières obligatoires. »

Sans doute les partisans de la culture classique répondent : « Mais une éducation aussi pratique, aussi réaliste, est contraire à toute espèce d'idéal. Voulez-vous élever les enfants sans idéal ? Nous, nous ne le voulons pas, et c'est pour cette raison que nous tenons à la culture gréco-latine, seule capable d'en fournir un. » Vraiment, on est secoué d'un « rire homérique » en apprenant qu'un jeune Allemand ne peut acquérir d'idéal que chez Xénophon, Cicéron, Homère et Horace, et ne peut devenir un bon Allemand que par la grâce des anciens. Et ceux qui parlent ainsi citent à chaque cérémonie patriotique les vers de Schiller : « Attache-toi à la patrie chérie ; aime-la de tout ton cœur, c'est de là que les racines de ton être tirent leur sève et leur force[1] ! » C'est Schiller qui dit la vérité. « Que le sol d'une richesse infinie et féconde de la langue allemande, de la littérature allemande, de l'art allemand, de l'histoire et de la légende allemandes fournisse au jeune Allemand ses forces premières et bienfaisantes. Puis alors seulement, lorsque ses racines plongeront solidement dans ce sol, alors seulement il étendra ses branches vers les pays étrangers, et, afin d'ouvrir et d'aiguiser son esprit, il apprendra les langues étrangères, autant qu'il le pourra et le désirera, y compris le grec et le latin, si le cœur lui en dit. » Si l'on tient absolument à des exemples sublimes, les temps modernes en fournissent autant que les anciens, « les batailles de Leipzig et de Waterloo sont aussi grandes que celle de Marathon ; les maréchaux français, Blücher et Wellington ne le cèdent en rien aux héros antiques. »

Voilà ce que les parents doivent exiger de l'école, en lui rappelant, non pas comme le soutiennent d'aucuns que l'école est à la disposition des parents, mais que les parents lui confient ce qu'ils ont de plus précieux au monde, et ont le droit, par conséquent, de se mêler des choses scolaires.

1. *Guillaume Tell*, II, 1.

II.

En Autriche.

Notes sur l'enseignement secondaire en Autriche.

L'organisation de l'enseignement secondaire autrichien est à peu près analogue à celle de l'enseignement secondaire allemand. Il n'existe pas, comme chez nous, de distinctions entre lycées et collèges : on ne connaît que des établissements de même nature où les mêmes titres sont exigés de tous les professeurs. Il n'existe pas non plus d'établissements divisés en plusieurs sections ou cycles. On distingue le gymnase, le réal-gymnase (organisé depuis 1909 seulement) et l'école réale, tout comme en Allemagne[1]. Les programmes et les plans d'études sont sensiblement les mêmes dans les deux pays, tout comme les méthodes d'enseignement.

Il est inévitable néanmoins que les deux enseignements diffèrent sur certains points, car il faut tenir compte de la diversité des deux pays.

Notons d'abord que l'enseignement secondaire, en Autriche, est beaucoup moins tendancieux qu'en Allemagne. Ce qui est propre à l'Allemagne, c'est de faire de l'enseignement secondaire un foyer d'ardent patriotisme, c'est d'y introduire partout une certaine forme de patriotisme... Le mot de l'empe-

---
1. Voir la note de la page 5.

reur Guillaume II : Ce sont de jeunes Allemands que nous voulons former, *pourrait servir de maxime à presque tous les projets de réforme suggérés par des professeurs, ces dernières années*[1].

Bismarck, dans un ordre ministériel du 1ᵉʳ mai 1890, avait précisé le caractère à donner à tout l'enseignement. Il faut, disait-il, « *se servir de l'école, à tous ses degrés, pour s'opposer à la diffusion des idées socialistes et communistes* ». *Et rien ne serait plus aisé que de prouver, par des exemples nombreux, la diligence avec laquelle les écoles de toute sorte se conforment à ces prescriptions. En Autriche, une tendance aussi nettement marquée serait impossible. Non pas que certains fonctionnaires supérieurs n'en fussent pas partisans; mais la variété considérable des races et des confessions représentées en Autriche-Hongrie s'y oppose de prime abord. En ce sens, les élèves sont soumis à une contrainte moins rigoureuse.*

Par contre, ils souffrent peut-être davantage d'autres habitudes plus autrichiennes qu'allemandes. Si curieuse que puisse sembler cette affirmation, le pays de la plus stricte soumission aux règlements et traditions est l'Autriche et non point l'Allemagne. Tandis qu'en Allemagne on édicte des principes généraux qu'il faut observer exactement, tout en gardant la plus grande liberté de mouvements possible dans l'application pratique, et que les autorités universitaires et administratives recommandent for-

---

1. H. Bornecque : *Questions d'enseignement secondaire en Allemagne et en Autriche*, p. 135.

mellement à leurs subordonnés d'user largement de cette liberté, c'est l'inverse que nous voyons se produire en Autriche, où l'on se querelle peut-être avec bruit, mais où une puissante bureaucratie règne en silence. « Le professeur autrichien se sent beaucoup plus soumis aux règlements que le professeur prussien, et cette dépendance apparaît surtout en ceci, que les prescriptions vont trop dans le détail et tiennent compte des plus petites choses... Sans doute, les récents décrets parlent de laisser une plus grande liberté... mais on ne peut nier que les programmes, énumérant tous les détails des matières à enseigner, ne conduisent facilement à un enseignement mécanique et impersonnel[1] ». Et nul n'ignore qu'un tel enseignement, dénué de vie, ne tarde pas à provoquer l'ennui et la fatigue.

Enfin, il faut remarquer que l'enseignement secondaire autrichien est de création assez récente. Il ne date que d'une soixantaine d'années. Aussi ne faut-il pas s'étonner s'il souffre parfois de cette excessive jeunesse. L'organisation matérielle laisse souvent à désirer : les locaux sont insuffisants, mal distribués et mal agencés. Les classes se terminent dans maint endroit sans aucune solennité, sans paroles d'adieu adressées aux élèves quittant l'établissement. On néglige de profiter des circonstances de la vie scolaire qui pourraient rapprocher les élèves, actuels ou anciens, les professeurs et les familles.

1. Dr FRANKFURTER : *La Réforme de l'enseignement secondaire en Prusse et l'enseignement secondaire autrichien*, p. 6.

Assurément, bien des efforts louables furent faits ces dernières années pour remédier à cet inconvénient, mais il est bien difficile de créer hâtivement ce qui exige du temps pour venir à maturité. Des années seront encore nécessaires sans doute avant que l'enseignement secondaire soit devenu un facteur de la vie autrichienne.

Quoi qu'il en soit, l'enseignement secondaire autrichien était loin de satisfaire tous ceux qui pouvaient en Autriche s'y intéresser. Lorsqu'en France et en Allemagne, les plaintes, critiques et protestations, dont nous avons si souvent parlé, se firent entendre, elles éveillèrent en Autriche un écho immédiat. Une campagne analogue fut entreprise. Le ministère de l'Instruction publique finit par s'en inquiéter et réunit une grande commission d'enquête, qui siégea à Vienne, du 21 au 25 janvier 1908. Des travaux de cette commission sortit une réforme de l'enseignement secondaire, caractérisée surtout par l'organisation du gymnase réal (sans grec), par des droits plus étendus accordés aux écoles reales (sans grec ni latin), par certaines modifications et simplifications des plans d'étude, par une aisance plus grande dans leur application, et aussi par un effort pour faciliter les rapports entre l'école et la famille. Cette réforme marquait un progrès incontestable, sans réussir d'ailleurs, tout comme dans les autres pays, à mettre fin aux polémiques.

Les quelques documents que nous donnons ici n'ont trait qu'à la dernière des questions indiquées : les rapports entre l'école et la famille. Ils permettront peut-être de deviner quels sont, sur les autres points, les revendications des parents autrichiens. Ils permettront, à coup sûr, de voir comment ceux-ci envisagent cette question des rapports entre l'école et la famille, et de se rendre compte de ce qui a été déjà fait en Autriche pour arriver à une solution satisfaisante. Les premiers sont des extraits de dépositions devant la commission d'enquête, les autres des articles de revue et un document officiel.

Déposition de Mme Marianne Hainisch[1].

Mme Marianne Hainisch parle pour les mères de famille, qu'elle représente comme présidente de la Fédération des Associations féminines d'Autriche.

On ne laisse pas le temps, dit-elle, aux mères d'élever leurs enfants. On leur reproche de les gâter. Mais ce reproche ne s'adresse qu'à celles qui n'entendent rien à l'éducation. Celles qui veulent vraiment élever leurs enfants s'efforcent de les rendre aptes à se débrouiller dans la vie, de les endurcir physiquement et moralement.

Le tort principal des établissements d'enseignement secondaire réside surtout dans le funeste système de la sélection. C'est lui qui cause la situation fausse des parents vis-à-vis de l'école, car dans chaque gymnase cette sélection est opérée de façon différente. Les jugements varient plus d'après le genre du gymnase que d'après la nature des enfants.

1. Résumé analytique de l'enquête sur l'enseignement secondaire en Autriche. Vienne, 1910, p. 36.

Mme Hainisch parle en termes durs des heures de réception des parents par les professeurs. « Nous, les femmes, dit-elle, nous préservons autant que possible nos maris contre la nécessité d'y aller, car nous ne voulons pas les exposer aux ennuis qui nous y attendent; nous préférons y aller nous-mêmes, plutôt que de voir nos maris dans une situation humiliante, et il y a beaucoup de femmes qui disent à leurs maris : N'y va pas, cela est trop désagréable. » Et Mme Hainisch cite à l'appui de ses paroles si sévères — tout en ajoutant d'ailleurs que les choses ne se passent pas toujours de façon si brutale — un exemple précis qui s'est déroulé dans une école réale et qu'elle tient d'une femme de la haute société.

Dans le parloir de l'école, les mères étaient assises d'un côté et les professeurs de l'autre. Chaque mère de famille devait s'adresser au professeur qu'elle désirait voir et parler devant tout l'auditoire de ce qui lui était le plus cher. Néanmoins, un professeur n'a pas craint de faire à une maman les remontrances les plus terribles. Il s'est calmé sur l'intervention d'un collègue. Mais à peine la mère avait-elle franchi la porte, que ce monsieur s'écria dans sa colère : « Je ne sais rien de plus horrible que d'être obligé de causer avec toutes ces mamans! »

Enfin, Mme Hainisch, afin de rapprocher d'une manière quelconque l'école et la famille, se prononce en faveur de réunions pour les parents des élèves.

Toute sa déposition fut très favorablement accueillie.

Déposition du Dr Wegscheider, professeur de chimie[1].

Le professeur Wegscheider s'élève contre quelques-unes des opinions soutenues par plusieurs orateurs précédents. Il insiste sur ce fait que l'école ne peut contribuer que dans une mesure relativement faible à l'éducation. L'éducation est avant tout l'affaire de la famille. Si les familles réclament aujourd'hui si fort une éducation par l'école, cela provient en grande partie de ce que les parents, soit en raison de leurs occupations, soit en raison de la forme qu'a prise aujourd'hui la vie de société, disposent de peu de temps pour les enfants, précisément aux heures où l'enfant a besoin de ses parents. Mais on peut exiger de l'école qu'elle ne mette pas l'enfant dans une direction qui ne lui servira en rien dans la vie future.

L'orateur ne considère pas que les critiques générales des méthodes soient fondées : les méthodes qu'on emploie ne sont pas si mauvaises qu'on veut bien le dire. Naturellement elles sont

---

[1]. *Loc. cit.*, p. 61.

toujours susceptibles de perfectionnement, et une discussion détaillée et compétente de ces méthodes ne pourra que produire de bons résultats.

M. Wegscheider ne partage pas non plus l'opinion courante sur le surmenage. Dans les gymnases autrichiens on n'a pas cessé d'alléger la tâche, ils comportent moins d'heures de classe que les gymnases allemands, et les classes supérieures des écoles réales ont des exigences beaucoup plus élevées. Néanmoins, on se plaint beaucoup plus du surmenage dans les gymnases que dans les écoles réales. Dans la mesure où ces plaintes se justifient, la faute en incombe plus aux parents qu'à l'école. Les raisons en sont entre autres choses l'ambition exagérée des parents, les distractions dangereuses, surtout dans la grande ville; l'étude de la musique, cette torture infligée à tant d'enfants qui n'ont aucune aptitude musicale. On entend constamment parler de surmenage. Mais il ne faudrait cependant pas croire que la majorité des pères de famille partagent cette opinion : « Les mécontents se font entendre, les autres demeurent silencieux et on ignore même leur existence. Allez dans une soirée, où l'on rencontre des hommes de valeur, demandez : « Quelle est votre opinion sur cette question ? » et vous pourrez vous faire une tout autre idée qu'en lisant uniquement les journaux. Je mets en garde contre le système qui consiste à dire : On se plaint beaucoup dans le public; donc, il est urgent de faire quelque chose. C'est une habitude courante en Autriche. On fait alors quelque chose qui ne change rien au fond ou même aggrave le mal dans un sens ou dans l'autre. Le seul avantage, c'est que ceux qui se sont plaints peuvent dire : Nous avons obtenu quelque chose. Ce n'est pas ainsi qu'on fait de sérieuses réformes. »

On pourrait améliorer, mais non supprimer les examens. Lorsqu'on affirme que les bons élèves ne réussissent pas dans la vie, cette affirmation est injuste en général et ne prouve rien contre l'école ni contre les examens. « Il existe assurément des dons très spéciaux. Il est clair que de tels élèves ne peuvent être les meilleurs à l'école où l'on pratique surtout la culture générale. Mais il serait faux d'en conclure que même pour des natures douées de façon spéciale il ne soit pas bon de leur donner une culture quelque peu générale. D'autre part, le succès dans la vie ne dépend pas uniquement de la culture reçue, mais encore d'une foule de qualités de caractère et de volonté. »

Déposition du comte Stürgkh[1].

Le comte Stürgkh, membre de la Chambre des Seigneurs et président de la Société des Amis du gymnase, croit qu'il ne serait pas très compliqué de remédier à tous les défauts signalés et dont quelques-uns ne peuvent être niés. Pour lui, l'origine de tout le mal est l'encombrement colossal dans les gymnases existants et le nombre toujours croissant de ces gymnases.

« Toute institution, si parfaite que soit son organisation, calculée pour un petit nombre d'établissements et pour un certain nombre d'élèves dans chaque classe, ne peut que courir les plus grands dangers quand elle souffre d'une hypertrophie, comme c'est le cas dans beaucoup de pays et de contrées. »

L'orateur montre les raisons de ce phénomène dans des cas particuliers et signale le surpeuplement des classes comme le grave écueil contre lequel viennent échouer les meilleures instructions et règlements. « Comment le contact peut-il se

[1]. *Loc. cit.*, p. 73.

produire entre le professeur et les élèves dans des classes trop chargées ? Comment le professeur peut-il éduquer chacun des élèves qu'il connaît ? Comment réussira-t-il — le pédagogue le plus habile ne le pourrait pas — à conduire l'ensemble de la classe, d'un même mouvement, au but fixé ? »

Ces faits amènent à se poser cette question théorique : Comment déterminer avec précision la tâche du gymnase par rapport à la nation et au peuple ? Différentes opinions se sont fait jour sur ce point. Les uns pensent qu'il est souhaitable de munir pour la vie la moyenne des jeunes gens de la culture basée sur les études classiques. L'orateur tient la chose pour impossible. D'autres, au contraire, veulent maintenir le gymnase pour une seule élite comprenant ceux qui se destinent aux professions savantes, ou qui ont en eux une disposition marquée pour les travaux de philologie. L'orateur pense que, cette fois, on se montre trop étroit. Dans ce cas, les grands avantages que l'on espère d'une culture secondaire basée sur les humanités classiques ne seraient accessibles qu'à un nombre si petit d'individus, que la valeur de toute l'institution en serait singulièrement affaiblie.

La vérité se trouve dans le juste milieu. Le gymnase doit être destiné à ceux qui, sans se laisser déterminer par des considérations d'ordre extérieur, sentent en eux la vocation nécessaire et veulent recevoir cette culture des humanités classiques. Or, ce n'est pas le cas aujourd'hui. Un grand nombre d'élèves vont au gymnase pour de tout autres raisons. Incapables de recevoir cette culture, ce sont eux qui se trouvent le plus mal à l'aise au gymnase et lui adressent les plus vives critiques.

Et le comte Stürgkh propose un certain nombre de mesures propres à débarrasser les gymnases de leur surpopulation. Voici les principales : organiser définitivement les écoles réales et leur accorder des droits analogues à ceux des gymnases; diriger de nombreux élèves dans des écoles spéciales pour les différentes professions; supprimer la nécessité d'une culture secondaire pour une série de fonctionnaires de l'État.

Déposition de l'inspecteur Dr Scheindler[1].

Parlant de l'attitude des professeurs à l'égard des parents dans les heures de réceptions et des excès des professeurs, M. l'inspecteur Scheindler est bien obligé, dit-il, de crier bien haut : « Ce qui nous manque, c'est un contrôle sincère et courageux du public; aussi longtemps qu'il nous manquera, des abus de la part des professeurs seront inévitables. On ne cessera pas de se plaindre du tyran scolaire. » Et il décrit plaisamment la peur des pères, même hautement situés, qui se plaignent et n'osent pas venir causer avec le professeur intéressé ou le directeur, ni essayer de remédier au mal en écrivant une lettre — tout cela de peur de nuire plus encore à l'enfant. « Voilà où est la source du mal : chez nous tout le monde a peur et crie, et tout est dit. »

On constate le même fait chez les professeurs. « Au cours des inspections, qui sont si nombreuses, on discute des questions de méthode, de pédagogie et l'on prie tous les professeurs de dire

1. *Loc. cit.*, p. 95.

si quelque chose ne leur semble pas bien, d'exprimer ouvertement leurs objections s'ils en ont à présenter. Personne ne souffle mot. Tout le monde approuve. Et ensuite ils vont se plaindre et tempêter auprès de personnes étrangères à l'école. »

Parlant plus tard des examens de fins d'études, qui semblent si terribles aux familles, l'orateur estime qu'on exagère beaucoup en prétendant que cet examen soit tellement nuisible au point de vue hygiénique. En moyenne, l'oral ne dure qu'une heure et quart au plus, et les meilleurs candidats sont souvent dispensés de certaines épreuves à l'oral. Il n'est point nécessaire non plus de s'en effrayer tellement puisqu'en Basse-Autriche, par exemple, 96 % des candidats sont reçus[2]. Ce qui ne veut point dire, d'ailleurs, qu'on ne puisse modifier les conditions actuelles de l'examen, et que l'on ne puisse tenir compte, dans cette transformation, des désirs exprimés par certains parents.

---

1. *Loc. cit.*, p. 122.
2. Il faut se rappeler qu'on applique en Autriche, comme en Allemagne, le système des examens de passage d'une façon très rigoureuse. Il n'est donc point surprenant que des élèves qui ont été admis successivement dans toutes les classes réussissent presque tous à l'examen final. Cette manière de procéder vaut évidemment plus que la manière qui n'arrête les élèves qu'au baccalauréat ou le leur donne au rabais et par miséricorde. (*Note du traducteur.*)

Déposition du professeur Dr Schwiedland[1].

Le professeur Schwiedland soumet à la commission quelques propositions de nature à donner satisfaction à certaines réclamations des familles et à faciliter les rapports entre celles-ci et l'école.

Il reconnaît que l'abus des notes et bulletins cause des ennuis aux élèves et aux parents, et estime qu'on pourrait les réduire le plus possible. Il suffirait de donner tous les trimestres, par exemple, des notes d'une tenue très générale : bien (ou très bien), passable, insuffisant. L'admission à la classe supérieure serait prononcée par la majorité des professeurs, le professeur principal disposant de deux voix.

Dans les deux dernières années du gymnase, il faudrait rapprocher l'enseignement et les examens des habitudes plus libres de l'Université afin d'adoucir le contraste trop vif. Il faudrait pour cela demander aux élèves d'exposer d'un seul tenant des parties assez étendues du programme, et les examiner ensuite dans des conversations et discussions avec eux.

1. *Loc. cit.*, p. 117.

La discipline doit être réglementée dans l'esprit de la jurisprudence actuelle. La note de conduite ne devrait avoir aucune influence sur les autres. Dans les classes supérieures, on pourrait tolérer des associations d'élèves, dans lesquelles ceux-ci apprendraient à pratiquer la vie de société en présence des professeurs et des parents, feraient des conférences et entreprendraient même des travaux sérieux.

Les heures de réception devraient être organisées de telle façon que tous les quinze jours on fixerait une heure déterminée où il serait possible de rencontrer tous les professeurs d'une même classe.

Opinion d'Orbilius.

Sous le pseudonyme d'Orbilius, un professeur autrichien a fait paraître dans la revue viennoise die Wage[1], *dont il est le collaborateur constant, un article où est exposé assez nettement le point de vue des familles autrichiennes, du moins de celles qui, s'intéressant à l'école secondaire, ne sont pas satisfaites des procédés actuellement en cours. L'article est intitulé :* École et maison paternelle.

« Dans ces derniers temps, on s'est mis à se préoccuper des questions pédagogiques, aussi bien en ce qui concerne la méthode que le contenu luimême, avec une extension et une intensité tout à fait surprenantes. Un intérêt si répandu et si profond a puissamment fait avancer l'art de l'éducation de la jeunesse. Mais il a eu également des inconvénients que l'on ne saurait interpréter uniquement comme une agitation inhérente aux époques de transition, ou bien comme des conflits inévitables entre des éléments anciens auxquels on

[1]. Numéro du 12 mars 1910.

n'a pas entièrement renoncé, et des éléments nouveaux qui ne sont pas encore définitivement fixés. L'attitude actuelle des pédagogues de profession est d'une importance beaucoup plus grande. Ils sont devenus d'abord pédants et dogmatiques, spectacle comique qu'on ne peut mieux caractériser que par la sentence : *Quot capita, tot dogmata*: et ensuite ils s'efforcent d'étendre leur sphère d'influence bien au delà de leur propre domaine... »

« Une question dont s'empare avec une prédilection particulière la pédagogie la plus récente est la réglementation des rapports entre l'école et la famille. Le zèle et l'insistance qu'on y apporte pourraient faire croire que la maison paternelle n'a eu jusqu'ici aucun lien avec l'école, et que les progrès des enfants à l'école lui étaient indifférents. »

« Chacun sait par sa propre expérience qu'il n'en était pas ainsi, et pourrait, même sans expérience, deviner avec juste raison que le contraire était précisément conforme à la nature. Autrefois, on n'a tout simplement pas fait autant de bruit autour de tout cela, on ne se servait pas de prétentieux termes techniques, et on n'a pas exagéré les choses jusqu'à devenir banalement superficiel ou lourdement importun. »

« Voyons, en toute sincérité, ce qui se cache derrière cette question des rapports entre l'école et la famille. Car, aujourd'hui, on entend par là autre chose que l'information personnelle des parents sur les progrès des enfants, les conseils sur la manière de favoriser ces progrès ou d'entretenir la santé, des indications sur la meilleure manière d'organiser et d'exécuter le travail à la maison, la communication de certaines remarques inquiétantes, le fait de porter à la connaissance de l'école des conditions particulières qui influent défavorablement sur les enfants, etc. De tels rapports sont dans l'ordre de la nature, et s'établissent, en cas de besoin, d'eux-mêmes, sans qu'il soit nécessaire d'exercer une pression sur la maison paternelle. »

« Le sens fondamental de ce qu'on entend aujourd'hui par rapports entre la maison et l'école est, au fond, que l'on voudrait soumettre la maison à l'école, en tant que dispensatrice compétente et publiquement autorisée de l'éducation. Et l'on n'entend pas par là la soumission naturelle et indispensable de la maison aux règlements extérieurs de l'école et à son organisation intime, mais une soumission concernant l'esprit et la direction de l'éducation familiale et extra-scolaire. Et dans ces conditions, il faut se demander naturellement si l'école actuelle, par ce qu'elle est en réalité et par son essence même, montre et peut prouver qu'elle est vraiment fondée à s'emparer d'une sphère d'influence aussi vaste, qu'en matière d'éducation elle l'emporte absolument sur n'importe quelle famille, et doit nécessairement représenter l'instance suprême ? »

« Il serait malhonnête jusqu'au ridicule de soutenir que l'école exprime et réalise même à demi l'idée pure de l'humanité, de la haute moralité et de la noblesse de caractère. Nous sommes encore loin, bien loin de ce but. Ce que produit l'école, telle qu'elle est aujourd'hui, est une résultante de quatre composantes, dont trois non seulement sont essentiellement étrangères à l'école, mais même gênantes pour elle. L'intolérance confessionnelle, le nationalisme chauvin et l'esprit sectaire des politiciens compromettent les efforts si pénibles que l'on fait pour donner une éducation morale. En cas de conflit déclaré avec les trois premiers facteurs, ces efforts ne peuvent qu'échouer. »

« Il suit de là que la famille, comprenant les exigences d'une culture véritable, peut l'emporter de beaucoup sur l'école et se proposer des buts beaucoup plus élevés. Là aussi s'ouvre le grand abîme entre la vie publique et la vie privée. La première, souvent conservatrice, suit péniblement, avec tous ses règlements, les nécessités de la véritable culture, et sacrifie des hommes à des molochs, dont l'homme cultivé s'est, dans le privé, débarrassé depuis longtemps. L'idéal de la première, c'est la liberté sous le contrôle de la police, la sincérité fortement relative et restreinte, la légalité, tandis que la seconde se propose la moralité comme but. Un pédantisme dénué d'humour, l'uniformisation et la rigide réglementation, voilà pour la vie publique; tandis que la vie privée épargne et cultive gaiement un sain individualisme, façonne l'âme avec humour, et a des principes compatibles avec d'intelligentes exceptions. Nous portons tous en nous ces contraires inconciliés, mais non point inconciliables, et nous en souffrons. L'école, elle aussi, n'en est point épargnée. »

« Dans ces conditions, il n'est point du tout souhaitable que l'éducation familiale soit englobée dans la sphère d'influence de l'école, c'est-à-dire que la maison soit étatifiée. Les parents, au contraire, doivent s'y opposer de toutes leurs forces. Les meilleures individualités du peuple allemand, dit Ludwig Gurlitt, sont ceux que l'État et l'Église ont poursuivis, et l'histoire de notre civilisation ou de notre littérature a des ressemblances avec une série de rapports de justice. »

« Essayons, en tenant compte de l'essence même de l'école, de voir si son influence en matière d'éducation doit être étendue universellement à toutes les questions. »

« Dans les derniers temps, si féconds en préoccupations pédagogiques, on a à maintes reprises montré que l'école, abstraction faite des influences étrangères dont elle dépend, n'est pas en réalité une institution capable de former le caractère, si l'on ne tient pas compte des fortes individualités qui, indirectement et en luttant contre elles, ont pu se développer. Ou bien croit-on encore à la valeur de l'enseignement des bons principes[1] à l'aide de morceaux choisis de morale et d'une falsification patriotique de l'histoire? Les défenseurs et fondateurs de tout ce qui existe trouveront sans doute une telle affirmation hérétique. Elle l'est aussi, si l'on admet qu'ici les mots hérétique et loyal soient synonymes.

« L'école, en tant qu'établissement à éduquer, ou plus exactement à dresser des masses d'élèves à la fois, a pour tâche avant tout d'emmagasiner dans les têtes une quantité déterminée de savoir positif, d'atteindre le but proposé, de venir à bout du *pensum* fixé. Afin de mener cette tâche à bien, elle a besoin de discipline, d'une discipline pour la masse, grâce à laquelle on maintient l'ordre extérieur et fait naître chez les élèves la disposition d'esprit voulue qui rend possible la communication du savoir positif. Or, on ne confond que trop souvent cette discipline de la masse avec la

---

[1] L'expression allemande est : *Gesinnungsunterricht*. Elle a été mise en honneur par le pédagogue Herbart et désigne un enseignement qui s'adresse plus au cœur qu'à l'esprit, et a pour tendance de façonner celui-là plutôt que d'enrichir celui-ci. On range sous cette dénomination, en particulier, l'enseignement de l'histoire et de la religion. Nous avons eu l'occasion de dire combien, sous ce rapport, l'enseignement, en Allemagne, était tendancieux. (*Note du traducteur.*)

formation du caractère ; on accorde, par suite d'une dangereuse illusion, à ses apparences extérieures l'attention la plus affectueuse et la plus pédante, si bien qu'au lieu d'adoucir autant que possible ses sévérités, on ne fait que les accentuer encore. Mais la discipline pour la masse ou discipline de la caserne et la formation du caractère sont deux choses tout à fait opposées. On peut dire sans hésiter que le milieu où la discipline pour la masse doit être employée est plus nuisible que favorable à la formation du caractère, à moins d'admettre que l'accoutumance à un certain ordre extérieur équivale déjà à la formation du caractère. La discipline pour la masse exige l'uniformisation, l'énergique suppression de tous les éléments individuels, l'égalité des moyens et l'égalité des fins. On peut même dire que la discipline pour la masse rendant possible la vie en commun comme à la caserne en vue de l'acquisition du savoir, ses interdictions et ses menaces ont un effet démoralisant et ne sont que de nature transitoire, car son influence extérieure cesse dès qu'elle-même ne se fait plus sentir. En tout cas, elle représente le côté le plus grossier de la pédagogie.

« La discipline pour les masses comporte naturellement d'autres règles que l'éducation familiale, désaccord qui souvent entraîne de fortes divergences d'opinion entre l'école et la famille, et va même jusqu'à faire paraître à celle-ci ridicules et inintelligentes les mesures prises par celle-là. La discipline pour la masse, qui vit dans la crainte perpétuelle d'un relâchement, établit entre le professeur et l'élève un tout autre rapport que celui qui existe entre les parents et les enfants. Former le caractère, cela signifie développer réellement tous les germes existants et la transformation prudente et complète des mauvais. Et cela ne pourra jamais réussir avec des rapports de sévère discipline. Une telle entreprise présuppose non seulement une confiance réciproque, mais presque de la confidence, et, au fond, quelque chose comme de l'amour qui existe entre les parents et les enfants. *Le bon accord du maître et de l'élève vaut souvent mieux que le talent*[1], dit Hector Malot dans son roman éducatif *Sans Famille*. C'est là un sentiment que ne fera pas souvent éclore le maître d'école, soit par suite de ses propres convictions, soit en raison des ordres supérieurs qu'il a reçus. »

« L'école avec sa discipline pour la masse a une double morale : celle des prescriptions disciplinaires et celle de la camaraderie. Ces deux morales sont parfois très divergentes et provoquent les conflits intimes les plus graves. D'un point de vue purement humain, on pourrait dans de tels cas placer presque toujours la morale de la camara-

---

1. En français dans le texte.

deric au-dessus de l'autre. Le fait que parmi les élèves la morale de la camaraderie est particulièrement développée s'explique en partie par la lutte commune pour la vie, et d'autre part par le sentiment qui fait, qu'à l'encontre de la duplicité et de la lâcheté des adultes, ils condamnent toute « saleté » avec la plus grande franchise et dans les termes les plus crus. »

« Il arrive que des conflits moraux contribuent à former et à tremper un caractère. A l'école, il en va autrement. Car ici les motifs opposés sont d'un côté d'ordre moral, et de l'autre côté la peur de la punition et un opportunisme appris. La bataille n'est point salubre, d'autant plus que la moyenne des combattants reste sur le champ de bataille en raison de sa faiblesse morale. »

« De tout cela il résulte que l'école n'a point le droit d'étendre à l'éducation familiale ses opinions sur l'éducation, influencées qu'elles sont par les débats du jour, et destinées à permettre l'éducation, ou, si l'on veut, le dressage en masse. Elle n'a pas le droit de monopoliser l'éducation. Que l'école s'occupe de la bonne marche de son fonctionnement limité à l'indispensable et de ce qu'elle doit enseigner. Elle l'a fait jusqu'ici, tant qu'elle était sage. Qu'elle ne cherche pas à faire ce qu'elle ne peut faire, parce qu'elle n'a ni le temps ni la capacité nécessaires. Les meilleurs éducateurs sont la famille et la vie. »

Opinion du Dr Frankfurter[1].

M. le Dr Frankfurter, directeur de la bibliothèque de l'Université de Vienne, avait pris une part active aux délibérations de la commission d'enquête. Sa compétence en matière pédagogique, si elle n'a pas une ampleur égale à celle d'hommes comme M. Münch ou M. Paulsen, n'en est pas moins incontestable et incontestée en Autriche. Il est lui aussi un partisan chaleureux du gymnase avec ses vieilles humanités classiques, mais d'un gymnase qui loin de fermer ses portes et fenêtres aux souffles du dehors, les ouvrirait assez grandes pour laisser pénétrer l'air vivifiant. Il croit, avec beaucoup d'autres, qu'une des réformes les plus utiles serait celle qui porterait moins sur les programmes que sur les mœurs, et amènerait une entente cordiale entre l'école et les familles. Il a consacré à ce sujet un article de journal dont nous reproduisons ici les parties essentielles.

« Parmi les facteurs de l'éducation, les parents représentent non le dernier mais bien le premier de tous jusqu'à l'époque où l'enfant va en classe

---

1. *Wiener Abendpost*, 27 décembre 1901.

tout comme pendant le cours des classes, c'est là un fait qu'aucun pédagogue avisé ne songera à nier. Ils représentent même le facteur le plus influent dans le bon comme dans le mauvais sens. Aussi, lorsque les parents veulent faire valoir leurs droits à participer à l'œuvre éducative, ils ne réclament pas un droit qu'il faille d'abord leur reconnaître. Ce droit n'a nul besoin d'être d'abord proclamé, comme les droits de l'homme il y a plus d'un siècle. En fait, il appartient de tout temps aux parents, et l'on peut même dire qu'ils l'ont exercé de tout temps. »

« Mais si leur droit de collaborer à l'éducation des enfants est absolument incontestable, et s'ils l'exercent aussi, pas toujours, d'ailleurs, pour le bien des enfants ni en accord avec l'école, il n'en va pas du tout de même pour le droit d'intervenir dans le fonctionnement de l'école, c'est-à-dire pour le droit, inné ou seulement concédé, de donner leur avis sur les questions scolaires, sur la direction et l'organisation de l'école. Et pourtant, si surprenante que certains lecteurs puissent, au premier abord, trouver cette opinion, il n'est point de pédagogue avisé qui ne reconnaisse que, même en ce qui concerne le fonctionnement de l'école, il ne faille, dans certaines limites, concéder certains droits aux parents qui, pendant des années, confient à l'école et aux professeurs ce qu'ils ont de plus précieux. Et il ne manque point de voix autorisées qui se plaignent du manque d'accord actuel entre l'éducation et la vie, entre l'école et les familles, et le regrettent dans l'intérêt même de l'école et de la jeunesse. »

M. Frankfurter cite les paroles de quelques-uns de ces pédagogues et entre autres celles de Rudolf Lehmann, « qui, dans son intéressant livre sur *L'Éducation et les éducateurs*, parle des deux puissances d'éducation : l'école et la famille, qui trop souvent se traitent en ennemies, et souhaite, au contraire, une entente entre elles sur les questions capitales de l'éducation et de l'enseignement. » M. Frankfurter cite également l'opinion de Heinz Hämmerlein, que nous avons déjà exposée plus haut[1], et il essaie de distinguer ce qu'il en faudrait rejeter ou accepter pour l'Autriche.

« Ce qui importe le plus à Heinz Hämmerlein, c'est d'organiser la collaboration des parents, de sorte qu'ils n'abandonnent pas toute la tâche à l'administration et aux professeurs, mais défendent eux-mêmes leurs droits, insistent pour faire disparaître des abus évidents et reconnus par les professeurs et les directeurs. Il demande aussi que l'administration accorde ces droits aux parents.

« Oh! sans doute, il faut, dès le prime abord, déclarer inadmissible la méthode qu'il propose. Il

---

1. Voir page 223.

propose, en effet, que l'on accorde aux parents le droit d'assister en silence, sans avertissement préalable, à n'importe quelle classe, ou que l'on fixe chaque semestre une semaine, sur l'indication des parents eux-mêmes, qui préviendraient peu de temps à l'avance afin d'éviter les leçons de parade et de pouvoir se faire une idée aussi exacte que possible de l'enseignement habituel. Une réunion des professeurs et des parents terminerait cette semaine. »

« A notre humble avis, cette proposition impossible n'en renferme pas moins une inspiration saine et fertile qu'il n'est pas besoin de prouver par de longs discours. Car, de notre point de vue autrichien, il n'y a rien de révolutionnaire et d'inouï dans cette proposition. Les soirées de parents, organisées dans un gymnase viennois l'an passé et continuées avec succès cette année, peuvent être considérées comme un commencement. Et notre loi organique scolaire, qui à mesure qu'elle vieillit gagne en valeur et en autorité, fournit, dans les députations municipales ou communales qui y sont prévues, le premier germe de cette institution, qui jusqu'ici n'a pas été établie. Il suffirait de le développer dans un esprit moderne et que la députation destinée à chaque établissement fût formée non par des représentants des municipalités, mais par des représentants choisis directement par les parents d'élèves dans leur propre milieu. La loi organique confère aux membres de ces députations le droit « d'assister aux classes à n'importe quelle « heure, afin d'être constamment exactement au « courant de la situation du gymnase ». Il faut laisser aux autorités universitaires le soin de décider si, pour des raisons pratiques, il serait avantageux d'introduire cette coutume. »

« ..... Des députations de ce genre, quoique sous une forme différente, existent aussi ailleurs ; par exemple, dans le grand-duché de Bade. Les expériences faites là montrent qu'il ne faut pas exagérer l'importance d'une telle institution, mais qu'elles ne sont pas non plus sans valeur. Elles ont au moins un avantage : les parents, et tous ceux que leurs occupations tenaient éloignés de l'école, s'y intéresseraient davantage, une série de plaintes injustifiées cesseraient de se faire entendre, et l'école prendrait mieux contact avec les parents et avec la vie du dehors. Et cela seul représenterait un bénéfice considérable. »

Un document officiel.

Les autorités officielles ne sont pas restées étrangères à ce mouvement. Leur attention a été, au contraire, attirée sur cette question de l'entente entre les parents et l'élève. Elles se sont efforcées de la favoriser par tous les moyens à leur disposition. Comme exemple, nous donnons, pour terminer, la traduction d'une circulaire du 10 mai 1901, adressée à tous les établissements par le Ministère autrichien de l'instruction publique, et concernant : les conférences publiques dans les établissements d'enseignement secondaire.

« J'ai eu la satisfaction d'apprendre que, dans certains établissements d'enseignement secondaire, il a été fait des conférences publiques pour les parents, les élèves et autres auditeurs. C'est dans des établissements situés à Vienne que des essais de ce genre furent particulièrement tentés. Ainsi, dans un gymnase, les parents des élèves ou leurs correspondants autorisés furent invités, plusieurs fois au cours de l'année, à assister à des conférences organisées par l'administration du gymnase. Ces conférences traitaient « du rôle du gymnase

« et des humanités classiques à l'heure actuelle », de « l'école et la famille », des « examens et clas-
« sements » et autres sujets semblables. Elles portaient également sur des questions actuelles et tendaient de propos délibéré à faire connaître aux parents l'organisation de l'enseignement secondaire, de ses écoles et de ses institutions spéciales, vues à la lumière de notre époque, à dissiper des notions erronées sur l'organisation et les plans d'études, à les défendre contre des critiques partiales et maintes fois malveillantes, à discuter en outre des points particuliers de pédagogie et d'éducation, qui ne sauraient être utilement appliqués dans la pratique sans le concours des parents.

« On voulait par là, se basant sur des expériences faites à l'établissement même, rapprocher plus étroitement l'école et la famille. On voulait mettre au clair et discuter d'une manière générale tout ce qui ne pouvait absolument pas être abordé ou ne pouvait l'être que brièvement, dans les heures de réception, destinées à informer les parents sur le travail et la tenue de leurs enfants, heures qui maintenant existent dans tous les établissements. »

« Ces conférences, propres à mettre les écoles secondaires en contact avec certaines exigences et certains besoins de l'heure présente, eurent un succès extraordinaire auprès des parents ou de leurs représentants. »

« Le grand public accueillit lui aussi cette tentative avec reconnaissance, et déjà des voix se sont fait entendre pour demander que cette tentative fût poussée plus loin et généralisée. »

« D'autres corps de professeurs, poussés par des circonstances spéciales, ont traité d'une façon non moins remarquable des questions d'hygiène ou de discipline en présence de la majorité ou de la totalité des élèves et des parents. Comme exemple de ce genre, on peut signaler une conférence faite tout récemment, dans une école réale de Vienne, sur « l'abus des boissons alcooliques ».

« A ces conférences de nature particulière se rattachent les conférences publiques sur des sujets scientifiques, qui sont faites, depuis plusieurs années déjà, dans diverses écoles secondaires, pour le grand public. Le Ministère de l'instruction publique, voyant dans cette coutume un des moyens les plus propres à développer et élever l'enseignement secondaire, consacre des crédits importants à faciliter aux professeurs, en particulier de langues, d'histoire et de géographie et de sciences naturelles, des voyages, notamment en Italie et en Grèce, en France et en Angleterre, dans des régions du pays ou de l'étranger intéressantes soit pour la géographie, soit pour les sciences naturelles.

« J'ai pu constater avec plaisir que les professeurs à qui l'on avait accordé des bourses de ce genre communiquaient, à leur retour dans leur foyer, les connaissances nouvellement acquises non seulement aux milieux scolaires, mais encore à un public beaucoup plus étendu, soit par des conférences, soit à l'aide d'expériences expliquées. La manière dont ces conférences et expériences ont été accueillies et appréciées dans le public, les diverses reproductions de ces conférences dans des revues et des journaux, permettent de se convaincre que l'on a satisfait par là un désir du public, et que l'école, d'où partent de semblables manifestations et qui habituellement y prête ses salles, peut être assurée de la reconnaissance et de la sympathie des intéressés. »

« Je vois dans des manifestations de ce genre un nouveau moyen — tout comme cela a été dit des fêtes scolaires dans la circulaire du 22 septembre 1897 — d'amener un rapprochement éminemment souhaitable entre l'école et la famille, et d'en finir avec le préjugé qui veut que seuls des rapports officiels puissent exister entre les deux facteurs principaux de l'éducation de la jeunesse. »

« J'attache une grande importance à ce que les professeurs se rappellent constamment ces dispositions de mon administration, et les secondent aussi bien dans le sens indiqué que de toute autre manière. »

« Me basant sur les faits cités plus haut, j'invite les administrations locales à organiser dans les établissements d'enseignement secondaire des conférences du genre sus-indiqué, toutes les fois que des conditions locales le permettront ou le rendront désirable. Au cas échéant, elles devront aussi veiller à ce que ces manifestations ne puissent perdre le caractère de ce qui convient à l'école, et veiller aussi à prévenir les écarts de toute nature. »

« Il n'est, d'ailleurs, nullement question d'exercer une contrainte sur les professeurs, car une telle tâche ne peut être bonne et utilement exécutée, aussi bien pour le fond que pour la forme, que si elle a été entreprise par une initiative spontanée. »

« Dans les comptes rendus annuels, les administrations locales voudront bien faire une place à cette question et indiquer les mesures éventuelles nécessaires. »

CONCLUSION

Au terme de cette manière d'enquête, nous ne voulons ajouter que quelques remarques.

Nous rappellerons encore une fois que bien des observations présentées par les divers auteurs cités ne s'appliquent exactement qu'à l'Allemagne ou à l'Autriche. Deux faits semblent, dans ces deux pays, dominer les débats : le respect de la tradition et la conception du rôle de l'État. L'Autriche surtout reste attachée à la tradition. L'Allemagne souffre davantage de la place que tient la notion de l'État dans la vie scolaire. Là, plus qu'ailleurs, on professe que l'enfant appartient moins à ses parents qu'à la communauté. Dès qu'il entre à l'école, il doit se soumettre à la loi unique et pareille pour tous. Dans sa famille même, il reste sous la surveillance de l'école, qui lui permet ou lui interdit certaines distractions, par exemple. La question ne se pose donc pas exactement comme en France. Dans les revendications des parents, on perçoit à la fois une certaine âpreté et une certaine timidité qui s'expliqueraient malaisément chez nous. Là-bas, les parents qui essaient de s'insurger s'irritent en voyant combien on fait peu de cas de leurs opinions, s'emportent parfois, et, d'autre part, n'osent qu'à demi entreprendre la lutte contre une organisation toute-puissante, susceptible à toute heure de briser l'avenir de leurs enfants.

Point n'est besoin chez nous ni de cette humeur, ni de cette crainte. Bien des récriminations n'ont point de raison d'être, puisque l'école, les lycées et collèges surtout, ne ferment pas l'oreille aux souhaits des parents et ne leur opposent pas une fin de non-recevoir. Il arrive même, pour des raisons diverses, que des parents imposent trop facilement leur manière de voir.

Mais ces conditions, assez différentes d'un pays à l'autre, n'amoindrissent pas le grand profit que nous pouvons retirer d'une semblable consultation. M. Münch surtout a traité les nombreux problèmes soulevés avec tant de soin et de méthode que certains de ses enseignements apparaissent comme incontestables.

Le premier est que les parents qui se désintéressent de la besogne faite à l'école se rendent coupables d'une grande légèreté. Ils sont encore, si invraisemblable que puisse sembler une telle affirmation, très nombreux.

Le second enseignement s'adresse à ceux des parents qui, au contraire, se préoccupent trop des choses scolaires, ou tout au moins d'une façon qui ne saurait être la bonne. Trop affectueux ou trop faibles, ils se croient en droit d'intervenir dans la marche des études à la moindre difficulté rencontrée par leurs enfants. Ils ne s'aperçoivent pas toujours qu'il eût mieux valu pour ceux-ci surmonter l'obstacle que de le tourner, qu'un caprice ne saurait faire loi, et que ce ne sont pas les chemins les plus faciles qui rompent le mieux les corps et les âmes aux pénibles labeurs de l'avenir. Leurs intentions ne sont pas nécessairement mauvaises, elles peuvent être louables parfois. Elles n'en sont pas moins dangereuses. Peut-être ces parents seront-ils invités à réfléchir, et commenceront-ils par mieux faire leur propre éducation afin d'en donner une bonne à leurs enfants.

Il est utile aussi de répandre cette idée qu'une intervention ne doit pas être prise à la légère. Puisqu'il s'agit au fond de trancher le plus souvent un différend entre professeurs et élèves, entre diverses conceptions ou croyances, l'équité la plus élémentaire exige que l'on ne se prononce qu'en connaissance de cause. Pour apprécier les torts, il faut savoir à qui les attribuer au juste et à qui en incombe la responsabilité. Il faut prendre exactement connaissance de toutes les pièces du procès. Qui le fait toujours ?

Le simple bon sens, le sentiment inné de justice ne suffisent pas d'ailleurs. Dans toute affaire délicate, on a recours à des experts. Pourquoi chacun pense-t-il pouvoir s'en dispenser dans les affaires pédagogiques ? Chacun s'imagine pouvoir formuler un avis, sans soupçonner même l'étendue ou la complexité des questions agitées. Ce n'est point à dire que les seuls professeurs soient ces experts. Des profanes peuvent le devenir s'ils ont acquis vraiment les connaissances nécessaires. Ils verront peut-être avec des yeux moins prévenus, avec plus de justesse, par conséquent. Nul ne le conteste. Mais cela signifie à coup sûr qu'il faudrait se garder d'intervenir uniquement quand des détails de fonctionnement sont en jeu. Ces détails prennent d'ordinaire de l'importance aux yeux des parents uniquement parce qu'ils les touchent personnellement. Combien se soucieraient des difficultés de la grammaire latine si leur enfant ne venait s'y buter? Cela veut dire surtout qu'il faudrait même se garder d'intervenir simplement à propos de détails plus ou moins douloureux que l'on se presse de vouloir modifier à la légère et au hasard. Ce sont les questions les plus graves qu'il faut mûrement se préparer à débattre. De la solution qu'on y donnera dépend non seulement l'éducation des enfants, mais encore l'avenir de tout un peuple.

Est-ce en maintenant l'état d'indifférence, est-ce en se mettant dans l'état de guerre qu'on espère résoudre ce problème national? Quelle illusion singulière que de s'imaginer que maîtres et parents ne poursuivent pas un même but et n'ont pas les mêmes intérêts! Leur qualité de citoyens d'un même pays suffirait seule à les rapprocher. Qu'ils cessent donc de se quereller, qu'ils abordent leur tâche commune les uns avec moins de notions traditionnelles, les autres avec une préparation et une élévation plus grandes, et fassent leurs les pensées exprimées par Victor Margueritte[1] : « Resserrer les liens qui doivent exister, pour que l'éducation nationale soit réellement bienfaisante, entre les maîtres trop souvent distants de leurs élèves, séparés d'eux par toute la hauteur de la chaire, et les parents, jusqu'ici insoucieux, tenus ou se tenant à l'écart, il n'y a pas de plus nécessaire et de plus facile tâche. Le fameux *droit des pères*, ce privilège de pouvoir collaborer toujours à la formation intellectuelle des petits, c'est bien mieux qu'un droit, — c'est un devoir. Et un devoir, il faut le reconnaître, jusqu'ici assez mal compris. Un devoir vis-à-vis d'eux-mêmes, France d'aujourd'hui, et vis-à-vis des enfants, France de demain. »

Gaston Raphaël.

1. *Le Journal*, 27 octobre 1910.

TABLE DES MATIÈRES

	Pages.
INTRODUCTION	1
CHAPITRE I. Considérations générales	23
— II. Les écoles et l'opinion publique dans les temps passés	33
— III. Évolution des choses au dix-neuvième siècle	49
— IV. Nobles aspirations et leurs revers	59
— V. Critiques les plus répandues	74
— VI. Améliorations réelles dans la vie scolaire	85
— VII. Imperfections indéniables	95
— VIII. Vastes revendications et limites naturelles	107
— IX. Négligences et manquements de la part des professeurs	120
— X. Négligences et manquements de la part des familles	133
— XI. Caractères généraux des attaques publiées contre l'école	147
— XII. Surmenage et oppression	161
— XIII. La vérité sur les élèves modèles	170
— XIV. Compositions et examens	182
— XV. Liberté et individualité	192
— XVI. Santé. Rapports avec la nature	201
— XVII. Autres vœux d'avenir	208

APPENDICES.

I. En Allemagne :

Heinz Hämmerlein : École et parents 223
Un article d'Otto Corbach 229
Opinion du Dr Neter, médecin pour enfants à
    Mannheim 232
Une opinion de la *Gazette de Francfort* 243
Opinion du Dr Hermann Weimer 250
Une proposition de M. Weimer 269
Opinion de M. Münch sur l'article de M. Weimer. 281
Le droit des parents sur l'école 297

II. En Autriche :

Notes sur l'enseignement secondaire en Autriche. 307
Déposition de Mme Marianne Hainisch 312
Déposition du Dr Wegscheider, professeur de
    chimie 315
Déposition du comte Stürgkh 318
Déposition de l'inspecteur Dr Scheindler 321
Déposition du professeur Dr Schwiedland 323
Opinion d'Orbilius 325
Opinion du Dr Frankfurter 334
Un document officiel 339

Conclusion 345

Toulouse, Typ. Edouard Privat, rue des Arts. 14. — 9836.

BIBLIOTHÈQUE DES PARENTS ET DES MAITRES

PUBLIÉE SOUS LA DIRECTION DE M. PAUL CROUZET

Honorée d'une souscription du Ministère de l'Instruction publique.

I. **Collégiens et Familles.** *Le travail de l'enfant à la maison; L'éducation de l'enfant par lui-même; Les vacances*, par F. GACHE, professeur au Lycée de Montpellier. Préface de P. CROUZET. Frontispice de Jean BÉRAUD (Couronné par l'Institut), 2me édition.

II. **L'Art et l'Enfant.** *Essai sur l'Éducation esthétique*, par Marcel BRAUNSCHVIG, professeur de première au Lycée de Toulouse, docteur ès lettres, ancien élève de l'Ecole normale supérieure. Préface de Jean LAHOR (3me édition, revue et augmentée).

III. **Préjugés d'autrefois et Carrières d'aujourd'hui.** *Essai d'une éducation rationnelle*, par G. VALRAN, docteur ès lettres, professeur au Lycée d'Aix, chargé de missions par le Ministère du Commerce. Préface de M. Eugène ÉTIENNE, ancien ministre.

IV. **Pour la Vie familiale,** *Conférences faites à l'École des Mères*, par MM. BOUTROUX, CREYSSON, COMPAYRÉ, DARLU, LICHTENBERGER, MALAPERT, Mme MOLL-WEISS, MM. F. PASSY et Ch. WAGNER.

V. **Mères et Fils,** par F. GACHE, professeur au Lycée de Montpellier. Préface de Mme Pauline KERGOMARD. Frontispice de Jean BÉRAUD (Couronné par l'Académie des sciences morales et politiques).

VI. **Pour mieux vivre.** *A nos Fils* (Pour leur vie physique, pour leur vie intellectuelle, pour leur vie morale, pour leur vie artistique, pour leur vie civique), par Victor MARGUERITTE.

VII. **Pour qu'on voyage.** *Essai sur l'art de bien voyager*, par Albert DAUZAT, docteur ès lettres. 20 illustrations hors texte.

VIII. **Le Français de nos enfants,** par Armand WEIL et Émile CHÉNIN, professeurs de Lycées, agrégés de l'Université. 34 illustrations hors texte.

IX. **Parents, Professeurs et Écoles d'aujourd'hui,** par MÜNCH, professeur à l'Université de Berlin (traduit de l'allemand par Gaston Raphaël), professeur au Lycée Lakanal.

X. **Pour qu'on apprenne les mathématiques,** par POURRA, professeur au Collège Rollin. Préface de M. Baillaud, membre de l'Institut, Directeur de l'Observatoire de Paris.

Prix de chaque volume (format in-12) :

Broché.................................... 3 50
Relié (reliure spéciale).................. 5 »

www.ingramcontent.com/pod-product-compliance
Lightning Source LLC
Chambersburg PA
CBHW070454170426
43201CB00010B/1334